Classiques & Patrimoine

Molière

L'École des femmes

Appareil pédagogique par

Sylvie Coly

professeur de Lettres

Lexique établi par

Josiane Grinfas

MAGNARD

Présentation

L'École des femmes

de Molière

Étude de l'œuvre

Sommaire

---

onception graphique : Muriel Ouziane et Yannick Le Bourg
dition : Anne Demarty
llustrations des frises : Benjamin Strickler
éalisation : Nord Compo, Villeneuve-d'Ascq
rédits iconographiques : Couverture et rabats : © The Bridgeman Art Library
Cadre (couverture) : © Leemage – p. 7 : © Leemage – p. 141 : AKG Images.

ww.classiquesetpatrimoine.magnard.fr

Achevé d'imprimer en février 2018
par «La Tipografica Varese Srl» en Italie
N° éditeur : 2017-1837
Dépôt légal : juin 2013

Certifié PEFC
Ce produit est issu de forêts gérées durablement et de sources contrôlées
PEFC/18-31-264
www.pefc-france.org

Molière
(1622-1673)

Molière,
Pierre Mignard, XVIIe siècle.

Né à Paris en 1622, Molière aurait dû être connu sous le nom de Jean-Baptiste Poquelin, tapissier ordinaire du roi. Mais son amour de la scène le pousse à trahir l'héritage paternel et à fonder avec les Béjart l'Illustre-Théâtre. Des difficultés financières chassent la troupe en province où, durant une douzaine d'années, chacun aguerrit son jeu et perfectionne son art de l'improvisation sur le modèle italien. Molière, élu directeur de la troupe, s'essaie à l'écriture, et obtient la protection de seigneurs provinciaux influents. Bientôt, les feux de la capitale brillent à nouveau : l'Illustre-Théâtre rentre à Paris pour devenir « la troupe de Monsieur », frère du roi. Molière connaît son premier succès d'auteur grâce aux *Précieuses ridicules*, en 1659, jouées dans la salle du Petit-Bourbon, abandonnée rapidement au profit du Palais-Royal. Mais sa notoriété s'étoffe vraiment en 1662, lors de la représentation de *L'École des femmes*, qui déchaîne tout à la fois les louanges et les critiques. Le dramaturge, dont le mariage avec la jeune Armande Béjart est fort critiqué, a trouvé son domaine de prédilection : la comédie, genre mal aimé – le public préfère les tragédies édifiantes – auquel il parvient à donner des lettres de noblesse. Fidèles aux règles classiques, ses pièces, qui donnent à voir les vices de leur temps, résonnent même d'un triomphe si grand que de mai à septembre 1662, Louis XIV assiste à vingt-quatre représentations, un record jamais égalé, ni par Racine, ni par aucun tragédien ! La troupe devient alors « la troupe du roi » et Molière enchaîne les succès : après *Dom Juan* en 1665, il donne *Le Misanthrope* en 1666, *George Dandin* en 1668 et *Tartuffe*, censuré puis remanié, en 1669. Ses comédies sont riches et diverses : si *L'Avare* ou *Les Fourberies de Scapin* comblent le goût du public pour les comédies de farce, Molière n'oublie cependant jamais la rigoureuse nécessité du siècle de plaire au monarque absolu. De ce fait, *Le Bourgeois gentilhomme*, en 1670, impose un genre novateur, la comédie-ballet, mêlant le théâtre, la musique et la danse. Molière signe enfin en 1673 *Les Femmes savantes*, avant de mourir brutalement, alors que se joue *Le Malade imaginaire*.

Présentation : l'auteur, l'œuvre et son contexte

L'École des femmes

L'École des femmes est une « grande comédie » : elle est construite en cinq actes et en alexandrins, comme les tragédies classiques. Si on y parle également d'honneur, la comparaison s'arrête ici, car l'honneur obsédant dont il est question est invoqué non par un noble roi, mais par le vieil et ridicule Arnolphe, grand bourgeois aux ambitions douteuses qui préfère avec vanité qu'on le nomme M. de La Souche.

Arnolphe considère en effet que son honneur passe d'abord par la préservation de sa réputation. Il explique ainsi à son ami Chrysale, sur une place de ville, au petit matin, que l'ennemie de la vertu de l'homme, c'est la femme instruite, trop habile à tromper son mari. Par conséquent, pour vivre un mariage heureux, il a lui-même choisi Agnès, sa future épouse, dès sa prime jeunesse, et l'a faite élever dans l'isolement et l'ignorance absolue des choses de la vie.

Lorsque Chrysale sort de scène, Arnolphe rencontre le jeune et fougueux Horace, fraîchement arrivé en ville, et qui ignore tout de son nom d'emprunt à particule. L'écervelé avoue naïvement qu'il débute une aventure amoureuse des plus prometteuses avec une jeune femme, prisonnière d'un barbon jaloux, un certain M. de La Souche. Arnolphe, au supplice, n'avoue ni son malheur, ni son identité. Il est bien décidé à entendre la version d'Agnès. Il l'interroge : s'ensuit une scène de farce grivoise, où la belle innocente évoque en balbutiant une chose très personnelle que le galant lui aurait effectivement prise lors de sa visite… Arnolphe fulmine, exige qu'elle chasse le blondin à coup de pierre et qu'elle médite sur les vertus du mariage en lisant des maximes invoquant dieux et diables.

C'est alors que le barbon croise à nouveau Horace, qui lui raconte, toujours aussi enthousiaste, que la belle ingénue lui a lancé une pierre, certes, mais une pierre à laquelle était attachée une lettre d'amour ! Arnolphe, fou de rage, organise sa riposte, mais doit se rendre à l'évidence : il est amoureux. La partie est plus complexe qu'il n'y paraît : si la candide Agnès, pénétrée de l'intelligence de l'amour, émeut, l'épais Arnolphe de son côté joue entière sa partition, du grotesque au pathétique.

Costume de Molière dans le rôle d'Arnolphe dans la pièce *L'École des femmes* en 1670. Costume de la Comédie-Française par Hippolyte Lecomte (1781-1857). Gravure du XIXe siecle.

Présentation : l'auteur, l'œuvre et son contexte

Le contexte historique et culturel

Lorsqu'il écrit *L'École des femmes*, Molière a encore beaucoup à prouver. Le siècle est à l'émulation : les artistes rivalisent d'adresse pour émouvoir le roi, seul maître des privilèges accordés. Or la pièce est brillante : l'intrigue repose sur la caricature d'un esprit bourgeois traditionnel, incarné par le personnage d'Arnolphe, qui utilise à ses propres fins l'ignorance de la femme, et la religion. Molière, fréquentant les salons mondains,

Contexte historique et culturel

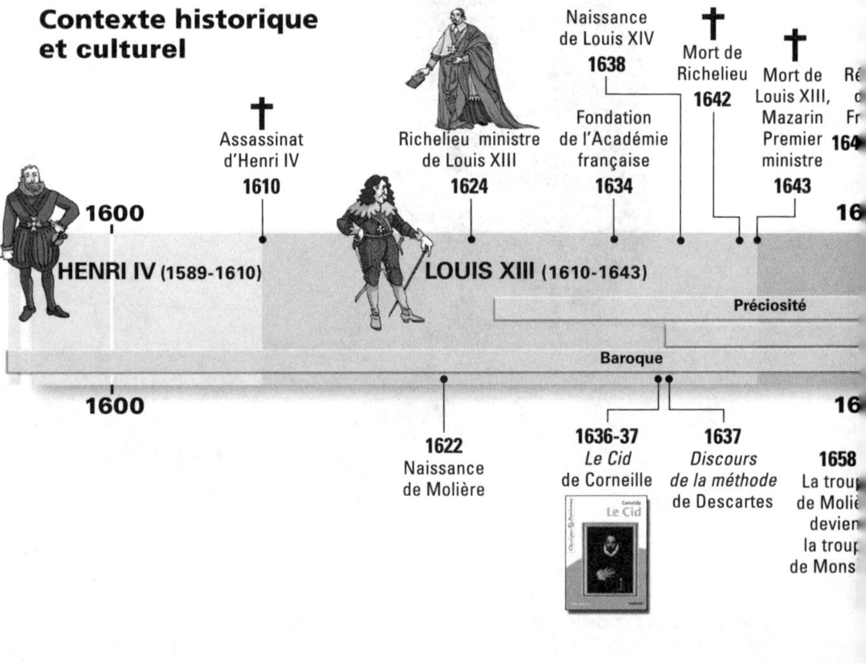

prend délibérément, à travers Agnès, le parti des femmes. Les esprits s'échauffent : la comédie fait polémique et engendre une querelle littéraire. On lui reproche jusque sur les planches ses atteintes à la morale. Beau joueur ou génie, Molière riposte en écrivant une courte pièce, *La Critique de L'École des femmes*, et retourne ainsi la « querelle » en une prodigieuse campagne de publicité, qui maintient la comédie à l'affiche plus d'un an.

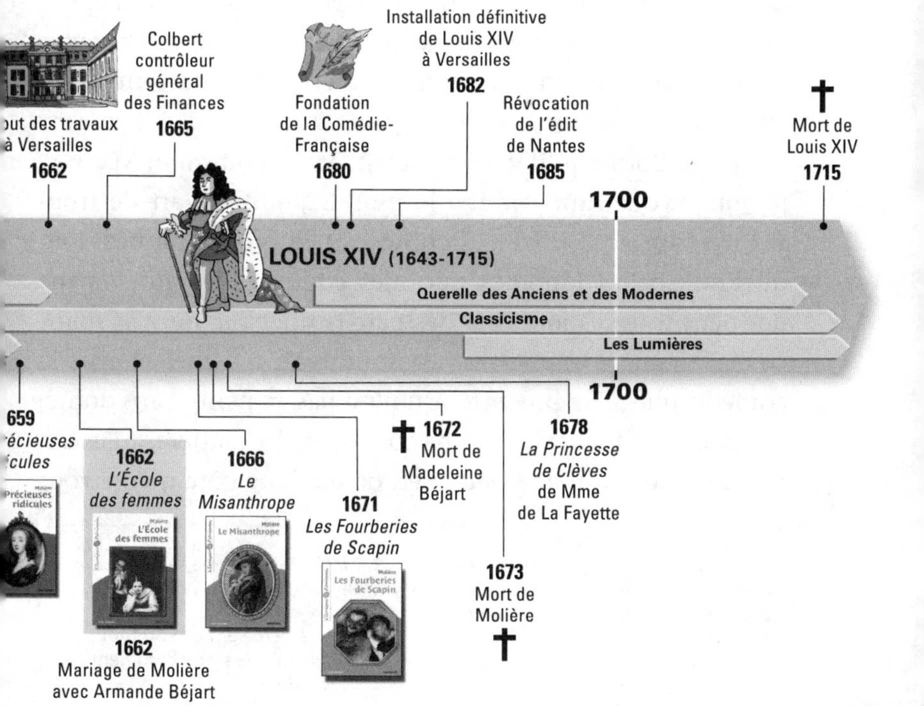

L'École des femmes
de Molière

Épître

À Madame

Madame[1],

Je suis le plus embarrassé homme du monde, lorsqu'il me faut dédier un livre, et je me trouve si peu fait au style d'épître dédicatoire[2], que je ne sais par où sortir de celle-ci. Un autre auteur, qui serait en ma place, trouverait d'abord cent belles choses à dire de VOTRE ALTESSE ROYALE, sur ce titre de L'ÉCOLE DES FEMMES, et l'offre qu'il vous en ferait. Mais, pour moi, MADAME, je vous avoue mon faible[3]. Je ne sais point cet art de trouver des rapports[4] entre des choses si peu proportionnées ; et, quelques belles lumières que mes confrères les auteurs me donnent tous les jours sur des pareils sujets, je ne vois point ce que VOTRE ALTESSE ROYALE pourrait avoir à démêler[5] avec la comédie que je lui présente. On n'est pas en peine, sans doute, comment[6] il faut faire pour vous louer. La matière, MADAME, ne saute que trop aux yeux ; et, de quelque côté qu'on vous

Vocabulaire et nom propre

1. *Madame* : Henriette d'Angleterre, épouse de Monsieur, frère de Louis XIV.
2. *Épître dédicatoire* : lettre de dédicace, le plus souvent adressée à une personne célèbre.
3. *Mon faible* : ici, ma faiblesse.
4. *Des rapports* : des points de comparaison.
5. *Avoir à démêler* : avoir à faire.
6. *Comment* : de savoir comment.

regarde, on rencontre gloire sur gloire, et qualités sur qualités. Vous en avez, MADAME, du côté du rang et de la naissance, qui vous font respecter de toute la terre. Vous en avez du côté des grâces[1], et de l'esprit, et du corps, qui vous font admirer de toutes les personnes qui vous voient. Vous en avez du côté de l'âme, qui, si l'on ose parler ainsi, vous font aimer de tous ceux qui ont l'honneur d'approcher de vous : je veux dire cette douceur pleine de charmes dont vous daignez tempérer la fierté des grands titres que vous portez ; cette bonté tout obligeante[2], cette affabilité[3] généreuse que vous faites paraître pour tout le monde. Et ce sont particulièrement ces dernières pour qui je suis[4], et dont je sens fort bien que je ne me pourrai taire quelque jour. Mais encore une fois, MADAME, je ne sais point le biais[5] de faire entrer ici des vérités si éclatantes, et ce sont choses, à mon avis, et d'une trop vaste étendue et d'un mérite trop élevé, pour les vouloir renfermer dans une épître et les mêler avec des bagatelles[6]. Tout bien considéré, MADAME, je ne vois rien à faire ici pour moi que de vous dédier simplement ma comédie, et de vous assurer, avec tout le respect qu'il m'est possible, que je suis, de VOTRE ALTESSE ROYALE,

MADAME,

Le très humble, très obéissant, et très obligé serviteur,

J.-B. MOLIÈRE.

Vocabulaire

1. *Grâces* : ici, charme, attraits.
2. *Tout obligeante* : très aimable, serviable.
3. *Affabilité* : politesse, courtoisie.
4. *Pour qui je suis* : qui me touchent.
5. *Le biais* : ici, la façon de dire.
6. *Bagatelles* : choses de peu d'importance.

Préface

Bien des gens ont frondé[1] d'abord cette comédie ; mais les rieurs ont été pour elle, et tout le mal qu'on en a pu dire, n'a pu faire qu'elle n'ait eu un succès dont je me contente[2]. Je sais qu'on attend de moi dans cette impression[3] quelque préface qui réponde aux censeurs[4], et rende raison de mon ouvrage ; et sans doute que je suis assez redevable à toutes les personnes qui lui ont donné leur approbation, pour me croire obligé de défendre leur jugement contre celui des autres, mais il se trouve qu'une grande partie des choses que j'aurais à dire sur ce sujet est déjà dans une dissertation[5] que j'ai faite en dialogue, et dont je ne sais encore ce que je ferai. L'idée de ce dialogue, ou, si l'on veut, de cette petite comédie, me vint après les deux ou trois premières représentations de ma pièce. Je la dis, cette idée, dans une maison où je me trouvai un soir, et d'abord une personne de qualité[6], dont l'esprit est assez connu dans le monde, et qui me fait l'honneur de m'aimer, trouva le projet assez à son gré[7], non seulement pour me solliciter d'y mettre la main, mais encore pour l'y mettre lui-même, et je fus étonné que, deux jours après, il me montra toute l'affaire exé-

Vocabulaire

1. *Ont frondé* : se sont révoltés contre, ont critiqué.

2. *Dont je me contente* : dont je suis très satisfait.

3. *Impression* : version imprimée de la pièce.

4. *Censeurs* : ceux qui ont voulu faire interdire les représentations.

5. *Dissertation* : essai savant. Il s'agit ici de *La Critique de L'École des femmes*.

6. *Personne de qualité* : il s'agirait de l'abbé du Buisson, poète ami de Molière.

7. *À son gré* : intéressant.

cutée d'une manière, à la vérité, beaucoup plus galante et plus spirituelle que je ne puis faire, mais où je trouvai des choses trop avantageuses pour moi ; et j'eus peur que, si je produisais cet ouvrage sur notre théâtre, on ne m'accusât d'avoir mendié les louanges qu'on m'y donnait. Cependant cela m'empêcha, par quelque considération, d'achever ce que j'avais commencé. Mais tant de gens me pressent[1] tous les jours de le faire, que je ne sais ce qui en sera, et cette incertitude est cause que je ne mets point dans cette Préface ce qu'on verra dans la *Critique*, en cas que je me résolve à la faire paraître[2]. S'il faut que cela soit, je le dis encore, ce sera seulement pour venger le public du chagrin délicat de certaines gens ; car, pour moi, je m'en tiens assez vengé par la réussite de ma comédie, et je souhaite que toutes celles que je pourrai faire soient traitées par eux comme celle-ci, pourvu que le reste[3] suive de même.

Vocabulaire

1. *Pressent* : demandent avec insistance.
2. *La faire paraître* : la publier ou la représenter.
3. *Le reste* : ici, le succès.

L'École des femmes

PERSONNAGES

ARNOLPHE, autrement M. de La Souche

AGNÈS, jeune fille innocente, élevée par Arnolphe

HORACE, amant d'Agnès

ALAIN, paysan, valet d'Arnolphe

GEORGETTE, paysanne, servante d'Arnolphe

CHRYSALDE, ami d'Arnolphe

ENRIQUE, beau-frère de Chrysalde

ORONTE, père d'Horace et grand ami d'Arnolphe

La scène est dans une place de ville.

Acte I

Scène 1

CHRYSALDE, ARNOLPHE

CHRYSALDE

Vous venez, dites-vous, pour lui donner la main[1] ?

ARNOLPHE

Oui, je veux terminer la chose dans demain[2].

CHRYSALDE

Nous sommes ici seuls ; et l'on peut, ce me semble,
Sans craindre d'être ouïs, y discourir ensemble :
Voulez-vous qu'en ami je vous ouvre mon cœur[3] ?
Votre dessein[4] pour vous me fait trembler de peur ;
Et de quelque façon que vous tourniez l'affaire,
Prendre femme est à vous[5] un coup bien téméraire.

ARNOLPHE

Il est vrai, notre ami. Peut-être que chez vous
Vous trouvez des sujets de craindre pour chez nous ;
Et votre front, je crois, veut que du mariage
Les cornes[6] soient partout l'infaillible apanage[7].

CHRYSALDE

Ce sont coups du hasard, dont on n'est point garant,

Vocabulaire et expressions

1. *Lui donner la main* : l'épouser.
2. *Dans demain* : demain.
3. *Je vous ouvre mon cœur* : je vous parle en toute sincérité.
4. *Votre dessein* : votre projet.
5. *À vous* : pour vous.
6. *Les cornes* : symbole du mari trompé.
7. *L'apanage* : l'ornement.

Et bien sot, ce me semble, est le soin qu'on en prend.
Mais quand je crains pour vous, c'est cette raillerie
Dont cent pauvres maris ont souffert la furie ;
Car enfin vous savez qu'il n'est grands ni petits[1]
Que de votre critique on ait vus garantis ;
Car vos plus grands plaisirs sont, partout où vous êtes,
De faire cent éclats des intrigues secrètes...

ARNOLPHE

Fort bien : est-il au monde une autre ville aussi
Où l'on ait des maris si patients qu'ici ?
Est-ce qu'on n'en voit pas, de toutes les espèces,
Qui sont accommodés[2] chez eux de toutes pièces ?
L'un amasse du bien, dont sa femme fait part
À ceux qui prennent soin de le faire cornard[3] ;
L'autre un peu plus heureux, mais non pas moins infâme,
Voit faire tous les jours des présents à sa femme,
Et d'aucun soin jaloux n'a l'esprit combattu,
Parce qu'elle lui dit que c'est pour sa vertu.
L'un fait beaucoup de bruit qui ne lui sert de guères[4] ;
L'autre en toute douceur laisse aller les affaires,
Et voyant arriver chez lui le damoiseau[5],
Prend fort honnêtement ses gants et son manteau.
L'une de son galant[6], en adroite femelle,
Fait fausse confidence à son époux fidèle,

Vocabulaire

1. *Grands ni petits* : nobles ou de basse condition.
2. *Accommodés* : maltraités, ridiculisés.
3. *Cornard* : cocu.
4. *Qui ne lui sert de guères* : qui ne lui sert à rien.
5. *Damoiseau* : séducteur.
6. *Galant* : amant.

Qui dort en sûreté sur un pareil appas,
Et le plaint, ce galant, des soins qu'il ne perd pas ;
L'autre, pour se purger de sa magnificence[1],
Dit qu'elle gagne au jeu l'argent qu'elle dépense ;
Et le mari benêt, sans songer à quel jeu,
Sur les gains qu'elle fait rend des grâces à Dieu.
Enfin, ce sont partout des sujets de satire ;
Et comme spectateur ne puis-je pas en rire ?
Puis-je pas de nos sots... ?

CHRYSALDE

Oui ; mais qui rit d'autrui
Doit craindre qu'en revanche on rie aussi de lui.
J'entends parler le monde ; et des gens se délassent
À venir débiter les choses qui se passent ;
Mais, quoi que l'on divulgue aux endroits où je suis,
Jamais on ne m'a vu triompher de ces bruits[2].
J'y suis assez modeste ; et, bien qu'aux occurrences[3]
Je puisse condamner certaines tolérances,
Que mon dessein ne soit de souffrir nullement[4]
Ce que d'aucuns maris souffrent paisiblement,
Pourtant je n'ai jamais affecté[5] de le dire ;
Car enfin il faut craindre un revers de satire,
Et l'on ne doit jamais jurer sur de tels cas
De ce qu'on pourra faire, ou bien ne faire pas.

Vocabulaire

1. *Se purger de sa magnificence* : justifier ses dépenses exagérées.
2. *Triompher de ces bruits* : me réjouir de ces discussions.
3. *Aux occurrences* : parfois.
4. *De souffrir nullement* : de ne pas supporter.
5. *Affecté de* : ici, apprécié.

Ainsi, quand à mon front, par un sort qui tout mène,
Il serait arrivé quelque disgrâce humaine,
Après mon procédé, je suis presque certain
Qu'on se contentera de s'en rire sous main ;
Et peut-être qu'encor j'aurai cet avantage,
Que quelques bonnes gens diront que c'est dommage.
Mais de vous, cher compère, il en est autrement :
Je vous le dis encor, vous risquez diablement.
Comme sur les maris accusés de souffrance
De tout temps votre langue a daubé d'importance[1],
Qu'on vous a vu contre eux un diable déchaîné,
Vous devez marcher droit[2] pour n'être point berné ;
Et s'il faut que[3] sur vous on ait la moindre prise,
Gare qu'aux carrefours on ne vous tympanise[4],
Et...

ARNOLPHE

Mon Dieu, notre ami, ne vous tourmentez point :
Bien huppé[5] qui pourra m'attraper sur ce point.
Je sais les tours rusés et les subtiles trames
Dont pour nous en planter savent user les femmes,
Et comme on est dupé par leurs dextérités.
Contre cet accident j'ai pris mes sûretés[6] ;
Et celle que j'épouse a toute l'innocence[7]

Vocabulaire

1. *Daubé d'importance* : s'est moquée avec orgueil.
2. *Marcher droit* : être irréprochable.
3. *S'il faut que* : si malgré cela il arrivait que.
4. *Qu'on ne vous tympanise* : qu'on se moque de vous en public.
5. *Huppé* : habile.
6. *Sûretés* : précautions.
7. *L'innocence* : l'ignorance des choses de la vie.

Qui peut sauver mon front de maligne influence.

CHRYSALDE

Et que prétendez-vous qu'une sotte, en un mot...

ARNOLPHE

Épouser une sotte est pour n'être point sot.
Je crois, en bon chrétien, votre moitié fort sage ;
Mais une femme habile est un mauvais présage ;
Et je sais ce qu'il coûte à de certaines gens[1]
Pour avoir pris les leurs avec trop de talents.
Moi, j'irais me charger d'une spirituelle
Qui ne parlerait rien que cercle et que ruelle[2],
Qui de prose et de vers ferait de doux écrits,
Et que visiteraient marquis et beaux esprits,
Tandis que, sous le nom du mari de Madame,
Je serais comme un saint que pas un ne réclame ?
Non, non, je ne veux point d'un esprit qui soit haut ;
Et femme qui compose en sait plus qu'il ne faut.
Je prétends que la mienne, en clartés peu sublime[3],
Même ne sache pas ce que c'est qu'une rime ;
Et s'il faut qu'avec elle on joue au corbillon[4]
Et qu'on vienne à lui dire à son tour : « Qu'y met-on ? »
Je veux qu'elle réponde : « Une tarte à la crème » ;
En un mot, qu'elle soit d'une ignorance extrême ;
Et c'est assez pour elle, à vous en bien parler,

Vocabulaire

1. *Qu'il coûte à de certaines gens* : que certains regrettent.
2. *Que cercle et que ruelle* : que salon mondain et alcôve où les femmes du monde recevaient leurs hôtes.
3. *En clartés peu sublime* : peu intelligente et peu cultivée.
4. *Corbillon* : jeu de société où l'on doit trouver des rimes en « on » après la question rituelle « qu'y met-on ».

De savoir prier Dieu, m'aimer, coudre et filer.

CHRYSALDE

Une femme stupide est donc votre marotte[1] ?

ARNOLPHE

Tant, que j'aimerais mieux une laide bien sotte
Qu'une femme fort belle avec beaucoup d'esprit.

CHRYSALDE

L'esprit et la beauté...

ARNOLPHE

L'honnêteté suffit.

CHRYSALDE

Mais comment voulez-vous, après tout, qu'une bête
Puisse jamais savoir ce que c'est qu'être honnête ?
Outre qu'il est assez ennuyeux, que je croi,
D'avoir toute sa vie une bête avec soi,
Pensez-vous le bien prendre[2], et que sur votre idée
La sûreté d'un front puisse être bien fondée ?
Une femme d'esprit peut trahir son devoir ;
Mais il faut pour le moins qu'elle ose le vouloir ;
Et la stupide au sien peut manquer d'ordinaire[3],
Sans en avoir l'envie et sans penser le faire.

ARNOLPHE

À ce bel argument, à ce discours profond,

Vocabulaire

1. *Marotte* : idée fixe, conviction.

2. *Le bien prendre* : prendre correctement le problème.

3. *D'ordinaire* : tous les jours.

Ce que Pantagruel à Panurge répond[1] :
Pressez-moi de me joindre à femme autre que sotte,
Prêchez, patrocinez[2] jusqu'à la Pentecôte ;
Vous serez ébahi, quand vous serez au bout,
Que vous ne m'aurez rien persuadé du tout.

CHRYSALDE

Je ne vous dis plus mot.

ARNOLPHE

Chacun a sa méthode.
En femme, comme en tout, je veux suivre ma mode.
Je me vois riche assez pour pouvoir, que je croi,
Choisir une moitié qui tienne tout de moi,
Et de qui la soumise et pleine dépendance
N'ait à me reprocher aucun bien ni naissance[3].
Un air doux et posé, parmi d'autres enfants,
M'inspira de l'amour pour elle dès quatre ans ;
Sa mère se trouvant de pauvreté pressée[4],
De la lui demander il me vint la pensée ;
Et la bonne paysanne, apprenant mon désir,
À s'ôter cette charge eut beaucoup de plaisir.
Dans un petit couvent, loin de toute pratique[5],
Je la fis élever selon ma politique,

Vocabulaire

1. *Ce que Pantagruel à Panurge répond* : référence au *Tiers-Livre*, de Rabelais, chapitre V, dans lequel il est question du mariage.
2. *Patrocinez* : parlez comme un avocat.
3. *Aucun bien ni naissance* : ni le sacrifice de sa dot, ni de sa noble naissance.
4. *De pauvreté pressée* : vivant dans la pauvreté.
5. *Loin de toute pratique* : loin des autres.

C'est-à-dire ordonnant quels soins on emploîrait
Pour la rendre idiote[1] autant qu'il se pourrait.
Dieu merci, le succès a suivi mon attente ;
Et grande, je l'ai vue à tel point innocente,
Que j'ai béni le Ciel d'avoir trouvé mon fait[2],
Pour me faire une femme au gré de mon souhait.
Je l'ai donc retirée ; et comme ma demeure
À cent sortes de monde est ouverte à toute heure,
Je l'ai mise à l'écart, comme il faut tout prévoir,
Dans cette autre maison où nul ne me vient voir ;
Et pour ne point gâter sa bonté naturelle,
Je n'y tiens que des gens[3] tout aussi simples qu'elle.
Vous me direz : Pourquoi cette narration ?
C'est pour vous rendre instruit de ma précaution.
Le résultat de tout est qu'en ami fidèle
Ce soir je vous invite à souper avec elle ;
Je veux que vous puissiez un peu l'examiner,
Et voir si de mon choix on me doit condamner.

CHRYSALDE

J'y consens.

ARNOLPHE

Vous pourrez, dans cette conférence,
Juger de sa personne et de son innocence.

Vocabulaire

1. *Idiote* : sans éducation.
2. *Mon fait* : mon affaire.
3. *Des gens* : des domestiques.

CHRYSALDE

Pour cet article-là[1], ce que vous m'avez dit
Ne peut…

ARNOLPHE

La vérité passe encor mon récit.
Dans ses simplicités à tous coups je l'admire[2],
Et parfois elle en dit dont je pâme de rire.
L'autre jour (pourrait-on se le persuader ?),
Elle était fort en peine, et me vint demander,
Avec une innocence à nulle autre pareille,
Si les enfants qu'on fait se faisaient par l'oreille.

CHRYSALDE

Je me réjouis fort, seigneur Arnolphe…

ARNOLPHE

Bon !
Me voulez-vous toujours appeler de ce nom ?

CHRYSALDE

Ah ! malgré que j'en aie[3], il me vient à la bouche,
Et jamais je ne songe à Monsieur de La Souche.
Qui diable vous a fait aussi vous aviser,
À quarante et deux ans, de vous débaptiser,
Et d'un vieux tronc pourri de votre métairie
Vous faire dans le monde un nom de seigneurie ?

Vocabulaire

1. *Pour cet article-là* : à ce sujet.
2. *Je l'admire* : je la regarde avec étonnement.
3. *Malgré que j'en aie* : malgré ma volonté.

ARNOLPHE

Outre que la maison par ce nom se connaît,
La Souche plus qu'Arnolphe à mes oreilles plaît.

CHRYSALDE

Quel abus de quitter le vrai nom de ses pères
Pour en vouloir prendre un bâti sur des chimères[1] !
De la plupart des gens c'est la démangeaison[2] ;
Et, sans vous embrasser dans la comparaison,
Je sais un paysan qu'on appelait Gros-Pierre,
Qui n'ayant pour tout bien qu'un seul quartier de terre,
Y fit tout à l'entour faire un fossé bourbeux,
Et de Monsieur de L'Isle en prit le nom pompeux[3].

ARNOLPHE

Vous pourriez vous passer d'exemples de la sorte.
Mais enfin de La Souche est le nom que je porte :
J'y vois de la raison, j'y trouve des appas[4] ;
Et m'appeler de l'autre est ne m'obliger pas[5].

CHRYSALDE

Cependant la plupart ont peine à s'y soumettre,
Et je vois même encor des adresses de lettre...

ARNOLPHE

Je le souffre aisément de qui n'est pas instruit ;

Vocabulaire

1. *Chimères* : illusions, légendes.
2. *La démangeaison* : le caprice.
3. *Pompeux* : exagéré, ridicule. Allusion à Thomas Corneille, frère de l'auteur du *Cid*, qui se faisait appeler Corneille de L'Isle.
4. *Appas* : attraits.
5. *Est ne m'obliger pas* : ne me fait pas plaisir.

Mais vous…

CHRYSALDE

Soit : là-dessus nous n'aurons point de bruit[1],
Et je prendrai le soin d'accoutumer ma bouche
À ne plus vous nommer que Monsieur de La Souche.

ARNOLPHE

Adieu. Je frappe ici, pour donner le bonjour,
Et dire seulement que je suis de retour.

CHRYSALDE, *s'en allant.*

Ma foi, je le tiens fou de toutes les manières.

ARNOLPHE

Il est un peu blessé[2] sur certaines matières.
Chose étrange de voir comme avec passion
Un chacun est chaussé de son opinion !
Holà !

Scène 2

ALAIN, GEORGETTE, ARNOLPHE

ALAIN

Qui heurte[3] ?

ARNOLPHE

Ouvrez. On aura, que je pense,

Vocabulaire

1. *Bruit* : dispute.
2. *Il est un peu blessé* : il n'a pas tout son bon sens.
3. *Heurte* : frappe à la porte.

Grande joie à me voir après dix jours d'absence.

ALAIN

Qui va là ?

ARNOLPHE

Moi.

ALAIN

Georgette !

GEORGETTE

Hé bien ?

ALAIN

Ouvre là-bas.

GEORGETTE

Vas-y, toi.

ALAIN

Vas-y, toi.

GEORGETTE

Ma foi, je n'irai pas.

ALAIN

Je n'irai pas aussi.

ARNOLPHE

Belle cérémonie,
Pour me laisser dehors ! Holà ho, je vous prie.

GEORGETTE

Qui frappe ?

ARNOLPHE

Votre maître.

GEORGETTE

Alain ?

ALAIN

Quoi ?

GEORGETTE

C'est Monsieur.

Ouvre vite.

ALAIN

Ouvre, toi.

GEORGETTE

Je souffle[1] notre feu.

ALAIN

J'empêche, peur du chat, que mon moineau ne sorte.

ARNOLPHE

Quiconque de vous deux n'ouvrira pas la porte
N'aura point à manger de plus de quatre jours.
Ah !

GEORGETTE

Par quelle raison y venir, quand j'y cours ?

Vocabulaire
1. *Souffle :* attise.

ALAIN

Pourquoi plutôt que moi ? Le plaisant strodagème ![1]

GEORGETTE

Ôte-toi donc de là.

ALAIN

Non, ôte-toi, toi-même.

GEORGETTE

Je veux ouvrir la porte.

ALAIN

Et je veux l'ouvrir, moi.

GEORGETTE

Tu ne l'ouvriras pas.

ALAIN

Ni toi non plus.

GEORGETTE

Ni toi.

ARNOLPHE

Il faut que j'aie ici l'âme bien patiente !

ALAIN

Au moins, c'est moi, Monsieur.

GEORGETTE

Je suis votre servante ;

Vocabulaire

1. *Strodagème* : déformation populaire opérée par le valet du mot « stratagème ».

C'est moi.

Alain

Sans le respect de Monsieur que voilà,
Je te…

Arnolphe, *recevant un coup d'Alain.*

Peste !

Alain

Pardon.

Arnolphe

Voyez ce lourdaud-là !

Alain

C'est elle aussi, Monsieur…

Arnolphe

Que tous deux on se taise.
Songez à me répondre, et laissons la fadaise[1].
Hé bien, Alain, comment se porte-t-on ici ?

Alain

Monsieur, nous nous… Monsieur, nous nous por… Dieu merci,
Nous nous…
(*Arnolphe ôte par trois fois le chapeau de dessus la tête d'Alain.*)

Arnolphe

Qui vous apprend, impertinente bête,

Vocabulaire
1. *Fadaise* : sottise.

À parler devant moi le chapeau sur la tête ?

ALAIN

Vous faites bien, j'ai tort.

ARNOLPHE, *à Alain.*

Faites descendre Agnès.

À Georgette.

Lorsque je m'en allai, fut-elle triste après ?

GEORGETTE

Triste ? Non.

ARNOLPHE

Non ?

GEORGETTE

Si fait[1] !

ARNOLPHE

Pourquoi donc... ?

GEORGETTE

Oui, je meure[2],

Elle vous croyait voir de retour à toute heure ;

Et nous n'oyions jamais passer devant chez nous

Cheval, âne, ou mulet, qu'elle ne prît pour vous.

Vocabulaire

1. *Si fait* : si, évidemment.

2. *Je meure* : que je meurs (sous-entendu : si je ne dis pas la vérité).

Scène 3

AGNÈS, ALAIN, GEORGETTE, ARNOLPHE

ARNOLPHE

La besogne[1] à la main ! C'est un bon témoignage.
Hé bien, Agnès, je suis de retour du voyage :
En êtes-vous bien aise ?

AGNÈS

Oui, Monsieur, Dieu merci.

ARNOLPHE

Et moi de vous revoir je suis bien aise aussi.
Vous vous êtes toujours, comme on voit, bien portée ?

AGNÈS

Hors les puces, qui m'ont la nuit inquiétée.

ARNOLPHE

Ah ! vous aurez dans peu quelqu'un pour les chasser.

AGNÈS

Vous me ferez plaisir.

ARNOLPHE

Je le puis bien penser.
Que faites-vous donc là ?

Vocabulaire
1. *Besogne* : ouvrage de couture ou de broderie.

AGNÈS

Je me fais des cornettes[1].
Vos chemises de nuit et vos coiffes[2] sont faites.

ARNOLPHE

Ah ! voilà qui va bien. Allez, montez là-haut :
Ne vous ennuyez point, je reviendrai tantôt,
Et je vous parlerai d'affaires importantes.
(*Tous étant rentrés.*)
Héroïnes du temps, Mesdames les savantes,
Pousseuses de tendresse[3] et de beaux sentiments,
Je défie à la fois tous vos vers, vos romans,
Vos lettres, billets doux, toute votre science
De valoir cette honnête et pudique ignorance.

Scène 4

HORACE, ARNOLPHE

ARNOLPHE

Ce n'est point par le bien[4] qu'il faut être ébloui ;
Et pourvu que l'honneur soit... Que vois-je ? Est-ce ?... Oui.
Je me trompe. Nenni. Si fait. Non, c'est lui-même,
Hor...

Vocabulaire

1. *Cornettes* : bonnets de nuit.
2. *Coiffes* : sous-entendu : coiffes de nuit.
3. *Pousseuses de tendresse* : expression précieuse : femmes aimant à dire des mots tendres.
4. *Le bien* : l'argent, la fortune.

HORACE

Seigneur Ar…

ARNOLPHE

Horace.

HORACE

Arnolphe.

ARNOLPHE

Ah ! joie extrême !
Et depuis quand ici ?

HORACE

Depuis neuf jours.

ARNOLPHE

Vraiment ?

HORACE

Je fus d'abord chez vous, mais inutilement.

ARNOLPHE

J'étais à la campagne.

HORACE

Oui, depuis deux journées.

ARNOLPHE

Oh ! comme les enfants croissent en peu d'années !
J'admire de le voir au point où le voilà,
Après que je l'ai vu pas plus grand que cela.

HORACE

Vous voyez.

ARNOLPHE

Mais, de grâce, Oronte votre père,
Mon bon et cher ami, que j'estime et révère[1],
Que fait-il ? que dit-il ? est-il toujours gaillard ?
À tout ce qui le touche, il sait que je prends part :
Nous ne nous sommes vus depuis quatre ans ensemble.
Ni, qui plus est, écrit l'un à l'autre, me semble.

HORACE

Il est, seigneur Arnolphe, encor plus gai que nous,
Et j'avais de sa part une lettre pour vous ;
Mais depuis, par une autre, il m'apprend sa venue,
Et la raison encor ne m'en est pas connue.
Savez-vous qui peut être un de vos citoyens[2]
Qui retourne en ces lieux avec beaucoup de biens
Qu'il s'est en quatorze ans acquis dans l'Amérique ?

ARNOLPHE

Non. Vous a-t-on point dit comme on le nomme ?

HORACE

Enrique.

ARNOLPHE

Non.

HORACE

Mon père m'en parle, et qu'il est revenu[3]

Vocabulaire

1. *Révère* : honore, respecte.
2. *Citoyens* : concitoyens.
3. *Et qu'il est revenu* : et dit qu'il est revenu.

Comme s'il devoit m'être entièrement connu,
Et m'écrit qu'en chemin ensemble ils se vont mettre
Pour un fait important que ne dit point sa lettre.

ARNOLPHE

J'aurai certainement grande joie à le voir,
Et pour le régaler[1] je ferai mon pouvoir[2].
(*Après avoir lu la lettre.*)
Il faut pour des amis des lettres moins civiles[3],
Et tous ces compliments sont choses inutiles.
Sans qu'il prît le souci de m'en écrire rien,
Vous pouvez librement disposer de mon bien.

HORACE

Je suis homme à saisir les gens par leurs paroles,
Et j'ai présentement besoin de cent pistoles[4].

ARNOLPHE

Ma foi, c'est m'obliger que d'en user ainsi,
Et je me réjouis de les avoir ici.
Gardez aussi la bourse.

HORACE

Il faut...

ARNOLPHE

Laissons ce style.
Hé bien ! comment encor trouvez-vous cette ville ?

Vocabulaire

1. *Régaler* : recevoir agréablement.
2. *Mon pouvoir* : mon possible.
3. *Civiles* : polies.
4. *Cent pistoles* : somme conséquente d'une monnaie d'or espagnole qui avait cours en France.

HORACE

Nombreuse en citoyens, superbe en bâtiments ;
Et j'en crois merveilleux les divertissements.

ARNOLPHE

Chacun a ses plaisirs qu'il se fait à sa guise ;
Mais pour ceux que du nom de galants on baptise,
Ils ont en ce pays de quoi se contenter,
Car les femmes y sont faites à coqueter[1] :
On trouve d'humeur douce et la brune et la blonde,
Et les maris aussi les plus bénins[2] du monde ;
C'est un plaisir de prince ; et des tours que je voi
Je me donne souvent la comédie à moi.
Peut-être en avez-vous déjà féru[3] quelqu'une.
Vous est-il point encore arrivé de fortune[4] ?
Les gens faits comme vous font plus que les écus,
Et vous êtes de taille à faire des cocus.

HORACE

À ne vous rien cacher de la vérité pure,
J'ai d'amour en ces lieux eu certaine aventure,
Et l'amitié m'oblige à vous en faire part.

ARNOLPHE

Bon ! voici de nouveau quelque conte gaillard[5] ;
Et ce sera de quoi mettre sur mes tablettes.

Vocabulaire et expressions

1. *Faites à coqueter* : coquettes, aimant être séduites.
2. *Bénins* : bienveillants.
3. *Féru* : expression burlesque : séduit, frappé d'amour.
4. *Fortune* : ici, heureux hasard.
5. *Gaillard* : libre, à tendance grivoise.

HORACE

Mais, de grâce, qu'au moins ces choses soient secrètes.

ARNOLPHE

Oh !

HORACE

Vous n'ignorez pas qu'en ces occasions
Un secret éventé rompt nos prétentions.
Je vous avoûrai donc avec pleine franchise
Qu'ici d'une beauté mon âme s'est éprise.
Mes petits soins d'abord ont eu tant de succès,
Que je me suis chez elle ouvert un doux accès ;
Et sans trop me vanter ni lui faire une injure,
Mes affaires y sont en fort bonne posture.

ARNOLPHE, *riant.*

Et c'est ?

HORACE, *lui montrant le logis d'Agnès.*

Un jeune objet[1] qui loge en ce logis
Dont vous voyez d'ici que les murs sont rougis ;
Simple, à la vérité, par l'erreur sans seconde[2]
D'un homme qui la cache au commerce du monde[3],
Mais qui, dans l'ignorance où l'on veut l'asservir,
Fait briller des attraits capables de ravir ;
Un air tout engageant, je ne sais quoi de tendre,

Vocabulaire

1. *Objet* : ici, objet d'amour, femme.
2. *Sans seconde* : sans autre pareille.
3. *Commerce du monde* : relations humaines.

Dont il n'est point de cœur qui se puisse défendre.
Mais peut-être il n'est pas que vous n'ayez bien vu[1]
Ce jeune astre d'amour de tant d'attraits pourvu :
C'est Agnès qu'on l'appelle.

ARNOLPHE, *à part.*

Ah ! je crève !

HORACE

Pour l'homme,
C'est, je crois, de La Zousse ou Souche qu'on le nomme :
Je ne me suis pas fort arrêté sur le nom ;
Riche, à ce qu'on m'a dit, mais des plus sensés, non ;
Et l'on m'en a parlé comme d'un ridicule.
Le connaissez-vous point ?

ARNOLPHE, *à part.*

La fâcheuse pilule !

HORACE

Eh ! vous ne dites mot ?

ARNOLPHE

Eh ! oui, je le connoi.

HORACE

C'est un fou, n'est-ce pas ?

ARNOLPHE

Eh…

Vocabulaire

1. *Peut-être il n'est pas que vous n'ayez bien vu* : sans doute avez-vous vu.

HORACE

Qu'en dites-vous ? quoi ?
Eh ? c'est-à-dire oui ? Jaloux à faire rire ?
Sot ? Je vois qu'il en est ce que l'on m'a pu dire.
Enfin l'aimable Agnès a su m'assujettir[1].
C'est un joli bijou, pour ne point vous mentir ;
Et ce serait péché qu'une beauté si rare
Fût laissée au pouvoir de cet homme bizarre.
Pour moi, tous mes efforts, tous mes vœux les plus doux
Vont à m'en rendre maître en dépit du jaloux ;
Et l'argent que de vous j'emprunte avec franchise
N'est que pour mettre à bout[2] cette juste entreprise.
Vous savez mieux que moi, quels que soient nos efforts,
Que l'argent est la clef de tous les grands ressorts,
Et que ce doux métal qui frappe tant de têtes,
En amour, comme en guerre, avance les conquêtes.
Vous me semblez chagrin : serait-ce qu'en effet
Vous désapprouveriez le dessein[3] que j'ai fait ?

ARNOLPHE

Non, c'est que je songeais...

HORACE

Cet entretien vous lasse ;
Adieu ; j'irai chez vous tantôt vous rendre grâce.

Vocabulaire et expressions

1. *M'assujettir* : mot galant : faire de moi son sujet dévoué.

2. *Mettre à bout* : mener à bien.

3. *Dessein* : projet.

ARNOLPHE

Ah ! faut-il...

HORACE, *revenant.*

Derechef[1], veuillez être discret,
Et n'allez pas, de grâce, éventer mon secret.

ARNOLPHE

Que je sens dans mon âme...

HORACE, *revenant.*

Et surtout à mon père,
Qui s'en ferait peut-être un sujet de colère.

ARNOLPHE, *croyant qu'il revient encore.*

Oh !... Oh ! que j'ai souffert durant cet entretien !
Jamais trouble d'esprit ne fut égal au mien.
Avec quelle imprudence et quelle hâte extrême
Il m'est venu conter cette affaire à moi-même !
Bien que mon autre nom le tienne dans l'erreur,
Étourdi montra-t-il jamais tant de fureur[2] ?
Mais ayant tant souffert, je devois[3] me contraindre
Jusques à m'éclaircir de ce que je dois craindre,
À pousser jusqu'au bout son caquet indiscret,
Et savoir pleinement leur commerce[4] secret.
Tâchons à le rejoindre : il n'est pas loin, je pense,

Vocabulaire
1. *Derechef* : encore une fois.
2. *Fureur* : folie.
3. *Je devois* : j'aurais dû.
4. *Commerce* : relation, fréquentation.

Tirons-en de ce fait l'entière confidence.
Je tremble du malheur qui m'en peut arriver,
Et l'on cherche souvent plus qu'on ne veut trouver.

Acte II

Scène 1

ARNOLPHE

ARNOLPHE

Il m'est, lorsque j'y pense, avantageux sans doute
D'avoir perdu mes pas[1] et pu manquer sa route ;
Car enfin de mon cœur le trouble impérieux[2]
N'eût pu se renfermer tout entier[3] à ses yeux :
Il eût fait éclater l'ennui[4] qui me dévore,
Et je ne voudrais pas qu'il sût ce qu'il ignore.
Mais je ne suis pas homme à gober le morceau[5],
Et laisser un champ libre aux vœux du damoiseau :
J'en veux rompre le cours et, sans tarder, apprendre
Jusqu'où l'intelligence[6] entre eux a pu s'étendre.
J'y prends pour mon honneur un notable intérêt :
Je la regarde en femme, aux termes qu'elle en est[7] ;
Elle n'a pu faillir sans me couvrir de honte,
Et tout ce qu'elle a fait enfin est sur mon compte[8].
Éloignement fatal ! voyage malheureux !

(Frappant à la porte.)

Vocabulaire

1. *D'avoir perdu mes pas* : d'avoir cherché Horace sans succès.
2. *Impérieux* : auquel je ne peux résister.
3. *N'eut pu se renfermer tout entier* : n'aurait pu se cacher entièrement.
4. *L'ennui* : le désespoir, le très grand souci.
5. *Gober le morceau* : se laisser tromper.
6. *L'intelligence* : la connivence, la complicité.
7. *Aux termes qu'elle en est* : puisqu'elle est une femme adulte.
8. *Est sur mon compte* : me regarde, me concerne.

Scène 2

Alain, Georgette, Arnolphe

Alain

Ah ! Monsieur, cette fois…

Arnolphe

Paix. Venez çà tous deux :
Passez là ; passez là. Venez là, venez, dis-je.

Georgette

Ah ! vous me faites peur, et tout mon sang se fige.

Arnolphe

C'est donc ainsi qu'absent[1] vous m'avez obéi ?
Et tous deux de concert vous m'avez donc trahi ?

Georgette

Eh ! ne me mangez pas, Monsieur, je vous conjure.

Alain, *à part.*

Quelque chien enragé l'a mordu, je m'assure.

Arnolphe

Ouf ! Je ne puis parler, tant je suis prévenu[2] :
Je suffoque, et voudrais me pouvoir mettre nu.
Vous avez donc souffert[3], ô canaille maudite,
Qu'un homme soit venu ?… Tu veux prendre la fuite !

Vocabulaire

1. *Qu'absent* : pendant que j'étais absent.
2. *Tant je suis prévenu* : tant je redoute le pire.
3. *Souffert* : ici, autorisé.

Il faut que sur-le-champ... Si tu bouges... ! Je veux
Que vous me disiez... Euh !... Oui, je veux que tous deux...
Quiconque remûra, par la mort[1] ! je l'assomme.
Comme[2] est-ce que chez moi s'est introduit cet homme ?
Eh ! parlez, dépêchez, vite, promptement, tôt,
Sans rêver. Veut-on dire ?

ALAIN ET GEORGETTE

Ah ! ah !

GEORGETTE

Le cœur me faut[3].

ALAIN

Je meurs.

ARNOLPHE

Je suis en eau : prenons un peu d'haleine ;
Il faut que je m'évente et que je me promène.
Aurais-je deviné quand je l'ai vu petit,
Qu'il croîtrait pour cela ? Ciel ! que mon cœur pâtit !
Je pense qu'il vaut mieux que de sa propre bouche
Je tire avec douceur l'affaire qui me touche.
Tâchons de modérer notre ressentiment.
Patience, mon cœur, doucement, doucement.
Levez-vous, et rentrant, faites qu'Agnès descende.
Arrêtez. Sa surprise en deviendrait moins grande :

Vocabulaire

1. *Par la mort* : juron familier : « par la mort de Dieu ».
2. *Comme* : comment.
3. *Me faut* : me manque.

Du chagrin[1] qui me trouble ils iraient l'avertir,
Et moi-même je veux l'aller faire sortir.
Que l'on m'attende ici.

Scène 3

ALAIN, GEORGETTE

GEORGETTE

Mon Dieu ! qu'il est terrible !
Ses regards m'ont fait peur, mais une peur horrible ;
Et jamais je ne vis un plus hideux chrétien.

ALAIN

Ce Monsieur l'a fâché : je te le disais bien.

GEORGETTE

Mais que diantre[2] est-ce là, qu'avec tant de rudesse
Il nous fait au logis garder notre maîtresse ?
D'où vient qu'à tout le monde il veut tant la cacher,
Et qu'il ne saurait voir personne en approcher ?

ALAIN

C'est que cette action le met en jalousie.

GEORGETTE

Mais d'où vient qu'il est pris de cette fantaisie ?

Vocabulaire

1. *Chagrin* : amertume, colère.

2. *Diantre* : euphémisme familier de « diable ».

ALAIN

Cela vient… cela vient de ce qu'il est jaloux.

GEORGETTE

Oui ; mais pourquoi l'est-il ? et pourquoi ce courroux ?

ALAIN

C'est que la jalousie… entends-tu bien, Georgette,
Est une chose… là… qui fait qu'on s'inquiète…
Et qui chasse les gens d'autour d'une maison.
Je m'en vais te bailler[1] une comparaison,
Afin de concevoir la chose davantage[2].
Dis-moi, n'est-il pas vrai, quand tu tiens ton potage,
Que si quelque affamé venait pour en manger,
Tu serais en colère, et voudrais le charger[3] ?

GEORGETTE

Oui, je comprends cela.

ALAIN

C'est justement tout comme.
La femme est en effet le potage de l'homme ;
Et quand un homme voit d'autres hommes parfois
Qui veulent dans sa soupe aller tremper leurs doigts,
Il en montre aussitôt une colère extrême.

GEORGETTE

Oui ; mais pourquoi chacun n'en fait-il pas de même,

Vocabulaire
1. *Bailler* : présenter.
2. *Concevoir la chose davantage* : mieux comprendre la chose.
3. *Charger* : attaquer.

Et que nous en voyons qui paraissent joyeux
Lorsque leurs femmes sont avec les biaux Monsieux[1] ?

ALAIN

C'est que chacun n'a pas cette amitié goulue[2]
Qui n'en veut que pour soi.

GEORGETTE

Si je n'ai la berlue[3],
Je le vois qui revient.

ALAIN

Tes yeux sont bons, c'est lui.

GEORGETTE

Vois comme il est chagrin.

ALAIN

C'est qu'il a de l'ennui.

Scène 4

ARNOLPHE, AGNÈS, ALAIN, GEORGETTE

ARNOLPHE

Un certain Grec disait à l'empereur Auguste[4],
Comme une instruction utile autant que juste,
Que lorsqu'une aventure en colère nous met,
Nous devons, avant tout, dire notre alphabet,

Vocabulaire et expressions

1. *Biaux Monsieux* : expression populaire : beaux messieurs.
2. *Amitié goulue* : métaphore : amour trop avide.
3. *Si je n'ai la berlue* : familier : si mes yeux ne sont pas malades.
4. *Un certain Grec disait à l'empereur Auguste* : anecdote initialement rapportée par Plutarque.

Afin que dans ce temps la bile[1] se tempère,
Et qu'on ne fasse rien que l'on ne doive faire.
J'ai suivi sa leçon sur le sujet d'Agnès,
Et je la fais venir en ce lieu tout exprès,
Sous prétexte d'y faire un tour de promenade,
Afin que les soupçons de mon esprit malade
Puissent sur le discours la mettre adroitement,
Et lui sondant le cœur, s'éclaircir doucement.
Venez, Agnès. Rentrez[2].

Scène 5

ARNOLPHE, AGNÈS

ARNOLPHE

La promenade est belle.

AGNÈS

Fort belle.

ARNOLPHE

Le beau jour !

AGNÈS

Fort beau !

ARNOLPHE

Quelle nouvelle ?

Vocabulaire

1. *La bile* : la mauvaise humeur, la colère.

2. *Rentrez* : ordre donné aux domestiques.

Agnès

Le petit chat est mort.

Arnolphe

C'est dommage ; mais quoi ?
Nous sommes tous mortels, et chacun est pour soi.
Lorsque j'étais aux champs, n'a-t-il point fait de pluie ?

Agnès

Non.

Arnolphe

Vous ennuyait-il[1] ?

Agnès

Jamais je ne m'ennuie.

Arnolphe

Qu'avez-vous fait encor ces neuf ou dix jours-ci ?

Agnès

Six chemises, je pense, et six coiffes aussi.

Arnolphe, *ayant un peu rêvé.*

Le monde, chère Agnès, est une étrange chose.
Voyez la médisance, et comme chacun cause :
Quelques voisins m'ont dit qu'un jeune homme inconnu
Était en mon absence à la maison venu,
Que vous aviez souffert sa vue et ses harangues[2] ;

Vocabulaire

1. *Vous ennuyait-il* : vous êtes-vous ennuyée.

2. *Harangues* : longs discours ennuyeux.

Mais je n'ai point pris foi sur[1] ces méchantes langues,
Et j'ai voulu gager[2] que c'était faussement...

AGNÈS

Mon Dieu, ne gagez pas : vous perdriez vraiment.

ARNOLPHE

Quoi ? c'est la vérité qu'un homme... ?

AGNÈS

Chose sûre.
Il n'a presque bougé de chez nous, je vous jure.

ARNOLPHE, *à part.*

Cet aveu qu'elle fait avec sincérité
Me marque pour le moins son ingénuité.
(*Haut.*)
Mais il me semble, Agnès, si ma mémoire est bonne,
Que j'avais défendu que vous vissiez personne.

AGNÈS

Oui ; mais quand je l'ai vu, vous ignorez pourquoi,
Et vous en auriez fait, sans doute, autant que moi.

ARNOLPHE

Peut-être. Mais enfin contez-moi cette histoire.

AGNÈS

Elle est fort étonnante, et difficile à croire.

Vocabulaire et expression
1. *Je n'ai point pris foi sur* : je n'ai pas cru.
2. *Gager* : parier.

J'étais sur le balcon à travailler au frais,
Lorsque je vis passer sous les arbres d'auprès
Un jeune homme bien fait, qui rencontrant ma vue,
D'une humble révérence aussitôt me salue :
Moi, pour ne point manquer à la civilité[1],
Je fis la révérence aussi de mon côté.
Soudain il me refait une autre révérence :
Moi, j'en refais de même une autre en diligence[2] ;
Et lui d'une troisième aussitôt repartant,
D'une troisième aussi j'y repars à l'instant.
Il passe, vient, repasse, et toujours de plus belle
Me fait à chaque fois révérence nouvelle ;
Et moi, qui tous ces tours fixement regardois,
Nouvelle révérence aussi je lui rendois :
Tant que, si sur ce point[3] la nuit ne fût venue,
Toujours comme cela je me serais tenue,
Ne voulant point céder, et recevoir l'ennui
Qu'il me pût estimer moins civile que lui.

ARNOLPHE

Fort bien.

AGNÈS

Le lendemain, étant sur notre porte,
Une vieille m'aborde, en parlant de la sorte :
« Mon enfant, le bon Dieu puisse-t-il vous bénir,

Vocabulaire

1. *Civilité* : politesse.
2. *En diligence* : rapidement.
3. *Sur ce point* : à ce moment.

Et dans tous vos attraits longtemps vous maintenir !
Il ne vous a pas faite une belle personne
Afin de mal user des choses qu'il vous donne ;
Et vous devez savoir que vous avez blessé
Un cœur qui de s'en plaindre est aujourd'hui forcé. »

ARNOLPHE, *à part.*

Ah ! suppôt[1] de Satan, exécrable damnée !

AGNÈS

« Moi, j'ai blessé quelqu'un ! fis-je toute étonnée.
– Oui, dit-elle, blessé, mais blessé tout de bon ;
Et c'est l'homme qu'hier vous vîtes du balcon.
– Hélas ! qui[2] pourrait, dis-je, en avoir été cause ?
Sur lui, sans y penser, fis-je choir quelque chose ?
– Non, dit-elle, vos yeux ont fait ce coup fatal,
Et c'est de leurs regards qu'est venu tout son mal.
– Hé ! mon Dieu ! ma surprise est, fis-je, sans seconde :
Mes yeux ont-ils du mal, pour en donner au monde ?
– Oui, fit-elle, vos yeux, pour causer le trépas[3],
Ma fille, ont un venin que vous ne savez pas.
En un mot, il languit, le pauvre misérable ;
Et s'il faut, poursuivit la vieille charitable,
Que votre cruauté lui refuse un secours,
C'est un homme à porter en terre dans deux jours.
– Mon Dieu ! j'en aurais, dis-je, une douleur bien grande.
Mais pour le secourir qu'est-ce qu'il me demande ?

Vocabulaire

1. *Suppôt* : serviteur.
2. *Qui* : qu'est-ce qui.
3. *Le trépas* : la mort.

– Mon enfant, me dit-elle, il ne veut obtenir
Que le bien de vous voir et vous entretenir[1] ;
Vos yeux peuvent eux seuls empêcher sa ruine
Et du mal qu'ils ont fait être la médecine[2].
– Hélas ! volontiers, dis-je ; et puisqu'il est ainsi,
Il peut, tant qu'il voudra, me venir voir ici. »

ARNOLPHE, *à part.*

Ah ! sorcière maudite, empoisonneuse d'âmes,
Puisse l'enfer payer tes charitables trames !

AGNÈS

Voilà comme il me vit, et reçut guérison.
Vous-même[3], à votre avis, n'ai-je pas eu raison ?
Et pouvois-je, après tout, avoir la conscience
De le laisser mourir faute d'une assistance,
Moi qui compatis tant aux gens qu'on fait souffrir
Et ne puis, sans pleurer, voir un poulet mourir ?

ARNOLPHE, *bas.*

Tout cela n'est parti que d'une âme innocente ;
Et j'en dois accuser mon absence imprudente,
Qui sans guide a laissé cette bonté de mœurs
Exposée aux aguets[4] des rusés séducteurs.
Je crains que le pendard[5], dans ses vœux téméraires,
Un peu plus fort que jeu[6] n'ait poussé les affaires.

Vocabulaire

1. *Vous entretenir* : vous parler.
2. *La médecine* : le remède.
3. *Vous-même* : qu'en pensez-vous vous-même.
4. *Aguets* : surveillance.
5. *Le pendard* : homme qui devrait être pendu.
6. *Un peu plus fort que jeu* : un peu plus loin qu'un simple jeu.

AGNÈS

Qu'avez-vous ? Vous grondez, ce me semble, un petit[1] ?
Est-ce que c'est mal fait ce que je vous ai dit ?

ARNOLPHE

Non. Mais de cette vue[2] apprenez-moi les suites,
Et comme le jeune homme a passé ses visites.

AGNÈS

Hélas ! si vous saviez comme il était ravi,
Comme il perdit son mal sitôt que je le vi,
Le présent qu'il m'a fait d'une belle cassette[3],
Et l'argent qu'en ont eu notre Alain et Georgette,
Vous l'aimeriez sans doute et diriez comme nous...

ARNOLPHE

Oui. Mais que faisait-il étant seul avec vous ?

AGNÈS

Il jurait qu'il m'aimait d'une amour sans seconde[4],
Et me disait des mots les plus gentils du monde,
Des choses que jamais rien ne peut égaler,
Et dont, toutes les fois que je l'entends parler,
La douceur me chatouille et là dedans remue
Certain je ne sais quoi dont je suis toute émue.

ARNOLPHE, *à part.*

Ô fâcheux examen d'un mystère fatal,

Vocabulaire

1. *Un petit* : un peu.
2. *Vue* : entrevue.
3. *Cassette* : coffret.
4. *Sans seconde* : sans égale.

Où l'examinateur souffre seul tout le mal !
(*À Agnès.*)
Outre tous ces discours, toutes ces gentillesses,
Ne vous faisait-il point aussi quelques caresses ?

AGNÈS

Oh tant ! Il me prenait et les mains et les bras,
Et de me les baiser il n'était jamais las.

ARNOLPHE

Ne vous a-t-il point pris, Agnès, quelque autre chose ?
(*La voyant interdite.*)
Ouf !

AGNÈS

Hé ! il m'a...

ARNOLPHE

Quoi ?

AGNÈS

Pris...

ARNOLPHE

Euh !

AGNÈS

Le...

ARNOLPHE

Plaît-il ?

AGNÈS

Je n'ose,

Et vous vous fâcherez peut-être contre moi.

ARNOLPHE

Non.

AGNÈS

Si fait.

ARNOLPHE

Mon Dieu, non !

AGNÈS

Jurez donc votre foi[1].

ARNOLPHE

Ma foi, soit.

AGNÈS

Il m'a pris… Vous serez en colère.

ARNOLPHE

Non.

AGNÈS

Si.

ARNOLPHE

Non, non, non, non. Diantre, que de mystère !
Qu'est-ce qu'il vous a pris ?

AGNÈS

Il…

Vocabulaire
1. *Jurez donc votre foi* : donnez donc votre parole.

ARNOLPHE, *à part.*

Je souffre en damné.

AGNÈS

Il m'a pris le ruban que vous m'aviez donné.
À vous dire le vrai, je n'ai pu m'en défendre.

ARNOLPHE, *reprenant haleine.*

Passe pour le ruban. Mais je voulais apprendre
S'il ne vous a rien fait que vous baiser les bras.

AGNÈS

Comment ? est-ce qu'on fait d'autres choses ?

ARNOLPHE

Non pas.

Mais pour guérir du mal qu'il dit qui le possède,
N'a-t-il point exigé de vous d'autre remède ?

AGNÈS

Non. Vous pouvez juger, s'il en eût demandé,
Que pour le secourir j'aurais tout accordé.

ARNOLPHE

Grâce aux bontés du Ciel, j'en suis quitte à bon compte.
Si j'y retombe plus, je veux bien qu'on m'affronte[1].
Chut. De votre innocence, Agnès, c'est un effet.
Je ne vous en dis mot : ce qui s'est fait est fait.
Je sais qu'en vous flattant le galant ne désire

Vocabulaire

1. *Je veux bien qu'on m'affronte* : je suis d'accord pour être dupe.

Que de vous abuser[1], et puis après s'en rire.

AGNÈS

Oh ! point : il me l'a dit plus de vingt fois à moi.

ARNOLPHE

Ah ! vous ne savez pas ce que c'est que sa foi.
Mais enfin apprenez qu'accepter des cassettes,
Et de ces beaux blondins écouter les sornettes,
Que se laisser par eux, à force de langueur,
Baiser ainsi les mains et chatouiller le cœur,
Est un péché mortel des plus gros qu'il se fasse.

AGNÈS

Un péché, dites-vous ? Et la raison, de grâce ?

ARNOLPHE

La raison ? La raison est l'arrêt prononcé[2]
Que par ces actions le Ciel est courroucé.

AGNÈS

Courroucé ! Mais pourquoi faut-il qu'il s'en courrouce ?
C'est une chose, hélas ! si plaisante et si douce !
J'admire quelle joie on goûte à tout cela,
Et je ne savais point encor ces choses-là.

ARNOLPHE

Oui, c'est un grand plaisir que toutes ces tendresses,
Ces propos si gentils et ces douces caresses ;

Vocabulaire

1. *Abuser* : tromper.
2. *L'arrêt prononcé* : la loi.

Mais il faut le goûter en toute honnêteté,
Et qu'en se mariant le crime en soit ôté.

AGNÈS

N'est-ce plus un péché lorsque l'on se marie ?

ARNOLPHE

Non.

AGNÈS

Mariez-moi donc promptement, je vous prie.

ARNOLPHE

Si vous le souhaitez, je le souhaite aussi,
Et pour vous marier on me revoit ici.

AGNÈS

Est-il possible ?

ARNOLPHE

Oui.

AGNÈS

Que vous me ferez aise[1] !

ARNOLPHE

Oui, je ne doute point que l'hymen[2] ne vous plaise.

AGNÈS

Vous nous voulez, nous deux…

Vocabulaire
1. *Aise* : plaisir.
2. *L'hymen* : le mariage.

ARNOLPHE

Rien de plus assuré.

AGNÈS

Que, si cela se fait, je vous caresserai !

ARNOLPHE

Hé ! la chose sera de ma part réciproque.

AGNÈS

Je ne reconnais point, pour moi[1], quand on se moque.
Parlez-vous tout de bon[2] ?

ARNOLPHE

Oui, vous le pourrez voir.

AGNÈS

Nous serons mariés ?

ARNOLPHE

Oui.

AGNÈS

Mais quand ?

ARNOLPHE

Dès ce soir.

AGNÈS, *riant.*

Dès ce soir ?

Vocabulaire

1. *Je ne reconnais point, pour moi* : je ne sais pas, moi.

2. *Parlez-vous tout de bon* : êtes-vous sérieux.

ARNOLPHE

Dès ce soir. Cela vous fait donc rire ?

AGNÈS

Oui.

ARNOLPHE

Vous voir bien contente est ce que je désire.

AGNÈS

Hélas ! que je vous ai grande obligation[1],
Et qu'avec lui j'aurai de satisfaction !

ARNOLPHE

Avec qui ?

AGNÈS

Avec… là.

ARNOLPHE

Là… là n'est pas mon compte.
À choisir un mari vous êtes un peu prompte.
C'est un autre, en un mot, que je vous tiens tout prêt,
Et quant au Monsieur, là, je prétends, s'il vous plaît,
Dût le mettre au tombeau le mal dont il vous berce[2],
Qu'avec lui désormais vous rompiez tout commerce ;
Que, venant au logis, pour votre compliment[3]

Vocabulaire et expression

1. *Que je vous ai grande obligation* : Je vous suis bien redevable.

2. *Dût le mettre au tombeau le mal dont il vous berce* : même si le mal dont il prétend souffrir doit le tuer.

3. *Pour votre compliment* : pour vous dire bonjour.

Vous lui fermiez au nez la porte honnêtement ;
Et lui jetant, s'il heurte, un grès[1] par la fenêtre,
L'obligiez tout de bon à ne plus y paraître.
M'entendez-vous, Agnès ? Moi, caché dans un coin,
De votre procédé je serai le témoin.

AGNÈS

Las[2] ! il est si bien fait ! C'est…

ARNOLPHE

Ah ! que de langage !

AGNÈS

Je n'aurai pas le cœur…

ARNOLPHE

Point de bruit davantage.
Montez là-haut.

AGNÈS

Mais quoi ! voulez-vous…

ARNOLPHE

C'est assez.
Je suis maître, je parle : allez, obéissez.

Vocabulaire et expressions

1. *Un grès* : ici, un vase en grès.
2. *Las* : hélas.

Acte III

Scène 1

ARNOLPHE, AGNÈS, ALAIN, GEORGETTE

ARNOLPHE

Oui, tout a bien été, ma joie est sans pareille :
Vous avez là suivi mes ordres à merveille,
Confondu de tout point[1] le blondin séducteur,
Et voilà de quoi sert un sage directeur.
Votre innocence, Agnès, avait été surprise.
Voyez sans y penser où vous vous étiez mise :
Vous enfiliez tout droit, sans mon instruction,
Le grand chemin d'enfer et de perdition.
De tous ces damoiseaux on sait trop les coutumes.
Ils ont de beaux canons[2], force rubans, et plumes,
Grands cheveux, belles dents, et des propos fort doux :
Mais comme je vous dis la griffe est là-dessous.
Et ce sont vrais satans, dont la gueule altérée[3]
De l'honneur féminin cherche à faire curée[4].
Mais, encore une fois, grâce au soin apporté,
Vous en êtes sortie avec honnêteté.
L'air dont je vous ai vu lui jeter cette pierre,

Vocabulaire

1. *Confondu de tout point* : réduit à l'impuissance.
2. *Canons* : volants de dentelle portés au-dessus des genoux.
3. *Altérée* : assoiffée.
4. *Curée* : pendant la chasse, moment où l'on laisse les chiens dévorer la bête traquée.

Qui de tous ses desseins a mis l'espoir par terre,
Me confirme encor mieux à ne point différer
Les noces où je dis qu'il vous faut préparer.
Mais, avant toute chose, il est bon de vous faire
Quelque petit discours qui vous soit salutaire.
Un siège au frais ici.
(À Georgette.)
Vous, si jamais en rien…

GEORGETTE

De toutes vos leçons nous nous souviendrons bien.
Cet autre Monsieur là nous en faisait accroire[1] ;
Mais…

ALAIN

S'il entre jamais, je veux jamais ne boire[2].
Aussi bien est-ce un sot : il nous a l'autre fois
Donné deux écus d'or qui n'étaient pas de poids.

ARNOLPHE

Ayez donc pour souper tout ce que je désire ;
Et pour notre contrat[3], comme je viens de dire,
Faites venir ici, l'un ou l'autre, au retour,
Le notaire qui loge au coin de ce carfour[4].

Vocabulaire

1. *Nous en faisait accroire* : nous faisait croire des mensonges.
2. *S'il entre jamais, je veux jamais ne boire* : si un jour il entre, je veux bien ne plus jamais boire.
3. *Contrat* : acte de mariage.
4. *Carfour* : carrefour.

Scène 2

ARNOLPHE, AGNÈS

ARNOLPHE, *assis*.

Agnès, pour m'écouter, laissez là votre ouvrage.
Levez un peu la tête et tournez le visage :
Là, regardez-moi là durant cet entretien,
Et jusqu'au moindre mot imprimez-le-vous bien.
Je vous épouse, Agnès ; et cent fois la journée
Vous devez bénir l'heur[1] de votre destinée,
Contempler la bassesse où vous avez été,
Et dans le même temps admirer ma bonté,
Qui de ce vil état[2] de pauvre villageoise
Vous fait monter au rang d'honorable bourgeoise
Et jouir de la couche et des embrassements
D'un homme qui fuyait tous ces engagements,
Et dont à vingt partis fort capables de plaire,
Le cœur a refusé l'honneur qu'il vous veut faire.
Vous devez toujours, dis-je, avoir devant les yeux
Le peu que vous étiez sans ce nœud[3] glorieux ;
Afin que cet objet d'autant mieux vous instruise,
À mériter l'état où je vous aurai mise ;
À toujours vous connaître, et faire qu'à jamais
Je puisse me louer[4] de l'acte que je fais.

Vocabulaire

1. *L'heur* : le bonheur.
2. *Vil état* : basse condition.
3. *Ce nœud* : cette union.
4. *Me louer* : me féliciter.

Le mariage, Agnès, n'est pas un badinage[1] :
À d'austères devoirs le rang de femme engage,
Et vous n'y montez pas[2], à ce que je prétends,
Pour être libertine et prendre du bon temps.
Votre sexe n'est là que pour la dépendance :
Du côté de la barbe est la toute-puissance.
Bien qu'on soit deux moitiés de la société,
Ces deux moitiés pourtant n'ont point d'égalité :
L'une est moitié suprême et l'autre subalterne[3] ;
L'une en tout est soumise à l'autre qui gouverne ;
Et ce que le soldat, dans son devoir instruit,
Montre d'obéissance au chef qui le conduit,
Le valet à son maître, un enfant à son père,
À son supérieur le moindre petit Frère[4],
N'approche point encor de la docilité,
Et de l'obéissance, et de l'humilité,
Et du profond respect où la femme doit être
Pour son mari, son chef, son seigneur et son maître.
Lorsqu'il jette sur elle un regard sérieux,
Son devoir aussitôt est de baisser les yeux,
Et de n'oser jamais le regarder en face
Que quand d'un doux regard il lui veut faire grâce.
C'est ce qu'entendent[5] mal les femmes d'aujourd'hui ;
Mais ne vous gâtez pas sur l'exemple d'autrui.

Vocabulaire

1. *Badinage* : chose peu sérieuse.
2. *Vous n'y montez pas* : vous n'accédez pas au rang de femme mariée.
3. *Et l'autre subalterne* : et l'autre est la moitié inférieure, qui doit obéir à la première.
4. *Petit Frère* : religieux inférieur devant obéir à ses supérieurs.
5. *Qu'entendent* : que comprennent.

Gardez-vous d'imiter ces coquettes vilaines
Dont par toute la ville on chante les fredaines[1],
Et de vous laisser prendre aux assauts du malin[2],
C'est-à-dire d'ouïr aucun jeune blondin.
Songez qu'en vous faisant moitié de ma personne,
C'est mon honneur, Agnès, que je vous abandonne ;
Que cet honneur est tendre et se blesse de peu ;
Que sur un tel sujet il ne faut point de jeu ;
Et qu'il est aux enfers des chaudières bouillantes
Où l'on plonge à jamais les femmes mal vivantes.
Ce que je vous dis là ne sont pas des chansons[3] ;
Et vous devez du cœur dévorer ces leçons.
Si votre âme les suit, et fuit d'être coquette,
Elle sera toujours, comme un lis, blanche et nette ;
Mais s'il faut qu'à l'honneur elle fasse un faux bond,
Elle deviendra lors noire comme un charbon ;
Vous paraîtrez à tous un objet effroyable,
Et vous irez un jour, vrai partage du diable,
Bouillir dans les enfers à toute éternité :
Dont vous veuille garder la céleste bonté ![4]
Faites la révérence. Ainsi qu'une novice[5]
Par cœur dans le couvent doit savoir son office[6],
Entrant au mariage il en faut faire autant ;

Vocabulaire et expressions

1. *On chante les fredaines* : on célèbre les écarts de conduite.
2. *Malin* : diable, démon.
3. *Chansons* : propos de peu d'importance, qui ne valent pas la peine d'être écoutés.
4. *Dont vous veuille garder la céleste bonté* : que la bonté du Ciel vous protège de tout cela.
5. *Novice* : jeune fille qui vient d'entrer au couvent, pas encore religieuse.
6. *Savoir son office* : connaître son devoir, c'est-à-dire les prières à réciter.

Et voici dans ma poche un écrit important
(*Il se lève.*)
Qui vous enseignera l'office[1] de la femme.
J'en ignore l'auteur, mais c'est quelque bonne âme ;
Et je veux que ce soit votre unique entretien[2].
Tenez. Voyons un peu si vous le lirez bien.

AGNÈS *lit.*

LES MAXIMES DU MARIAGE
OU
LES DEVOIRS DE LA FEMME MARIÉE,
Avec son exercice journalier.
Ire MAXIME.

Celle qu'un lien honnête
Fait entrer au lit d'autrui,
Doit se mettre dans la tête,
Malgré le train[3] d'aujourd'hui,
Que l'homme qui la prend, ne la prend que pour lui.

ARNOLPHE

Je vous expliquerai ce que cela veut dire ;
Mais pour l'heure présente il ne faut rien que lire.

AGNÈS *poursuit.*

IIe MAXIME.

Elle ne se doit parer

Vocabulaire

1. *L'office* : le devoir.
2. *Entretien* : ici, texte qui permet d'entretenir sa conscience par des exercices.
3. *Le train* : façon de vivre.

Qu'autant que peut désirer
Le mari qui la possède :
C'est lui que touche seul le soin de sa beauté ;
Et pour rien doit être compté
Que les autres la trouvent laide.

IIIe MAXIME.

Loin ces études d'œillades,
Ces eaux, ces blancs[1], ces pommades,
Et mille ingrédients qui font des teints fleuris :
À l'honneur tous les jours ce sont drogues mortelles ;
Et les soins de paraître belles
Se prennent peu pour les maris.

IVe MAXIME.

Sous sa coiffe, en sortant, comme l'honneur l'ordonne,
Il faut que de ses yeux elle étouffe les coups ;
Car pour bien plaire à son époux,
Elle ne doit plaire à personne.

Ve MAXIME.

Hors ceux dont au mari la visite se rend,
La bonne règle défend
De recevoir aucune âme :
Ceux qui, de galante humeur,
N'ont affaire qu'à Madame,
N'accommodent pas[2] Monsieur.

Vocabulaire

1. *Blancs* : maquillage à base de blanc de céruse.

2. *N'accommodent pas* : ne plaisent pas à.

VIe MAXIME.

Il faut des présents des hommes
Qu'elle se défende bien ;
Car dans le siècle où nous sommes,
On ne donne rien pour rien.

VIIe MAXIME.

Dans ses meubles, dût-elle en avoir de l'ennui,
Il ne faut écritoire[1], encre, papier, ni plumes :
Le mari doit, dans les bonnes coutumes,
Écrire tout ce qui s'écrit chez lui.

VIIIe MAXIME.

Ces sociétés déréglées[2]
Qu'on nomme belles assemblées
Des femmes tous les jours corrompent les esprits :
En bonne politique[3] on les doit interdire ;
Car c'est là que l'on conspire
Contre les pauvres maris.

IXe MAXIME.

Toute femme qui veut à l'honneur se vouer
Doit se défendre de jouer,
Comme d'une chose funeste :
Car le jeu, fort décevant,
Pousse une femme souvent
À jouer de tout son reste[4].

Vocabulaire et expressions

1. *Écritoire* : nécessaire renfermant ce qui sert à écrire.
2. *Sociétés déréglées* : réunions mondaines qui n'obéissent pas aux règles morales.
3. *En bonne politique* : si l'on souhaite bien diriger sa maison.
4. *De tout son reste* : sans aucune retenue.

Xe MAXIME.

Des promenades du temps,
Ou repas qu'on donne aux champs,
Il ne faut point qu'elle essaye :
Selon les prudents cerveaux,
Le mari, dans ces cadeaux,
Est toujours celui qui paye.

XIe MAXIME…

ARNOLPHE

Vous achèverez seule ; et, pas à pas, tantôt[1]
Je vous expliquerai ces choses comme il faut.
Je me suis souvenu d'une petite affaire :
Je n'ai qu'un mot à dire, et ne tarderai guère.
Rentrez, et conservez ce livre chèrement.
Si le Notaire vient, qu'il m'attende un moment.

Scène 3

ARNOLPHE

ARNOLPHE

Je ne puis faire mieux que d'en faire ma femme.
Ainsi que je voudrai, je tournerai cette âme[2] ;
Comme un morceau de cire entre mes mains elle est,
Et je lui puis donner la forme qui me plaît.

Vocabulaire

1. *Tantôt* : plus tard.

2. *Je tournerai cette âme* : je modèlerai son esprit par mon influence.

Il s'en est peu fallu que, durant mon absence,
On ne m'ait attrapé par son trop d'innocence ;
Mais il vaut beaucoup mieux, à dire vérité,
Que la femme qu'on a pèche de ce côté.
De ces sortes d'erreurs le remède est facile :
Toute personne simple aux leçons est docile ;
Et si du bon chemin on l'a fait écarter,
Deux mots incontinent[1] l'y peuvent rejeter.
Mais une femme habile[2] est bien une autre bête :
Notre sort ne dépend que de sa seule tête ;
De ce qu'elle s'y met rien ne la fait gauchir[3],
Et nos enseignements ne font là que blanchir[4] :
Son bel esprit lui sert à railler nos maximes,
À se faire souvent des vertus de ses crimes,
Et trouver, pour venir à ses coupables fins,
Des détours à duper l'adresse des plus fins.
Pour se parer[5] du coup en vain on se fatigue :
Une femme d'esprit est un diable en intrigue ;
Et dès que son caprice a prononcé tout bas
L'arrêt de notre honneur, il faut passer le pas[6] :
Beaucoup d'honnêtes gens en pourraient bien que dire[7].
Enfin, mon étourdi n'aura pas lieu d'en rire.
Par son trop de caquet il a ce qu'il lui faut.

Vocabulaire et expressions

1. *Incontinent* : immédiatement.
2. *Habile* : intelligente et cultivée.
3. *Gauchir* : s'écarter de la trajectoire qu'elle a choisie.
4. *Blanchir* : rester en surface, superficiels.
5. *Parer* : protéger.
6. *Passer le pas* : abandonner. Ici, consentir à être trompé.
7. *En pourraient bien que dire* : auraient bien des choses à dire à ce propos.

Voilà de nos François l'ordinaire défaut :
Dans la possession d'une bonne fortune[1],
Le secret est toujours ce qui les importune ;
Et la vanité sotte a pour eux tant d'appas,
Qu'ils se pendraient plutôt que de ne causer pas.
Oh ! que les femmes sont du diable bien tentées,
Lorsqu'elles vont choisir ces têtes éventées[2],
Et que… ! Mais le voici… Cachons-nous toujours bien
Et découvrons un peu quel chagrin est le sien.

Scène 4

HORACE, ARNOLPHE

HORACE

Je reviens de chez vous, et le destin me montre
Qu'il n'a pas résolu que je vous y rencontre.
Mais j'irai tant de fois, qu'enfin quelque moment…

ARNOLPHE

Hé ! mon Dieu, n'entrons point dans ce vain compliment :
Rien ne me fâche tant que ces cérémonies ;
Et si l'on m'en croyait, elles seraient bannies.
C'est un maudit usage ; et la plupart des gens
Y perdent sottement les deux tiers de leur temps.
Mettons donc sans façons[3]. Hé bien ! vos amourettes ?

Vocabulaire et expressions

1. *Bonne fortune* : chance.
2. *Éventées* : étourdies.
3. *Mettons donc sans façons* : sous-entendus « nos chapeaux ». Expression d'usage.

Puis-je, seigneur Horace, apprendre où vous en êtes ?
J'étais tantôt distrait par quelque vision[1] ;
Mais depuis là-dessus j'ai fait réflexion :
De vos premiers progrès j'admire la vitesse,
Et dans l'événement mon âme s'intéresse.

HORACE

Ma foi, depuis qu'à vous s'est découvert mon cœur,
Il est à mon amour arrivé du malheur.

ARNOLPHE

Oh ! oh ! comment cela ?

HORACE

La fortune cruelle
A ramené des champs le patron de la belle.

ARNOLPHE

Quel malheur !

HORACE

Et de plus, à mon très grand regret,
Il a su de nous deux le commerce secret.

ARNOLPHE

D'où, diantre, a-t-il sitôt appris cette aventure ?

HORACE

Je ne sais ; mais enfin c'est une chose sûre.
Je pensais aller rendre, à mon heure à peu près,

Vocabulaire
1. *Vision* : rêverie.

Ma petite visite à ses jeunes attraits,
Lorsque, changeant pour moi de ton et de visage,
Et servante et valet m'ont bouché le passage,
Et d'un « Retirez-vous, vous nous importunez, »
M'ont assez rudement fermé la porte au nez.

ARNOLPHE

La porte au nez !

HORACE

Au nez.

ARNOLPHE

La chose est un peu forte.

HORACE

J'ai voulu leur parler au travers de la porte ;
Mais à tous mes propos ce qu'ils ont répondu,
C'est : « Vous n'entrerez point, Monsieur l'a défendu. »

ARNOLPHE

Ils n'ont donc point ouvert ?

HORACE

Non. Et de la fenêtre
Agnès m'a confirmé le retour de ce maître,
En me chassant de là d'un ton plein de fierté[1],
Accompagné d'un grès que sa main a jeté.

Vocabulaire
1. *Plein de fierté* : rude.

ARNOLPHE

Comment d'un grès ?

HORACE

D'un grès de taille non petite,
Dont on a par ses mains régalé ma visite.

ARNOLPHE

Diantre ! ce ne sont pas des prunes[1] que cela !
Et je trouve fâcheux l'état où vous voilà.

HORACE

Il est vrai, je suis mal par ce retour funeste[2].

ARNOLPHE

Certes, j'en suis fâché pour vous, je vous proteste[3].

HORACE

Cet homme me rompt tout[4].

ARNOLPHE

Oui. Mais cela n'est rien ;
Et de vous raccrocher vous trouverez moyen.

HORACE

Il faut bien essayer, par quelque intelligence[5],
De vaincre du jaloux l'exacte vigilance.

ARNOLPHE

Cela vous est facile. Et la fille, après tout,

Vocabulaire et expressions

1. *Ce ne sont pas des prunes* : ce n'est pas rien.
2. *Retour funeste :* réponse de mauvais augure.
3. *Proteste* : assure.
4. *Me rompt tout* : annule tous mes projets.
5. *Intelligence* : manœuvre.

Vous aime ?

HORACE

Assurément.

ARNOLPHE

Vous en viendrez à bout.

HORACE

Je l'espère.

ARNOLPHE

Le grès vous a mis en déroute ;
Mais cela ne doit pas vous étonner.

HORACE

Sans doute,
Et j'ai compris d'abord que mon homme était là,
Qui, sans se faire voir, conduisait tout cela.
Mais ce qui m'a surpris, et qui va vous surprendre,
C'est un autre incident que vous allez entendre ;
Un trait hardi qu'a fait cette jeune beauté,
Et qu'on n'attendrait point de sa simplicité.
Il le faut avouer, l'amour est un grand maître :
Ce qu'on ne fut jamais il nous enseigne à l'être ;
Et souvent de nos mœurs l'absolu changement
Devient, par ses leçons, l'ouvrage d'un moment[1] ;
De la nature, en nous, il force les obstacles,

Vocabulaire
1. *L'ouvrage d'un moment* : un travail rapide.

Et ses effets soudains ont de l'air[1] des miracles ;
D'un avare à l'instant il fait un libéral,
Un vaillant d'un poltron, un civil d'un brutal ;
Il rend agile à tout l'âme la plus pesante,
Et donne de l'esprit à la plus innocente.
Oui, ce dernier miracle éclate dans Agnès ;
Car, tranchant avec moi par ces termes exprès[2] :
« Retirez-vous : mon âme aux visites renonce ;
Je sais tous vos discours, et voilà ma réponse »,
Cette pierre ou ce grès dont vous vous étonniez
Avec un mot de lettre est tombée à mes pieds ;
Et j'admire de voir cette lettre ajustée
Avec le sens des mots et la pierre jetée.
D'une telle action n'êtes-vous pas surpris ?
L'amour sait-il pas l'art d'aiguiser les esprits ?
Et peut-on me nier que ses flammes puissantes
Ne fassent dans un cœur des choses étonnantes ?
Que dites-vous du tour[3] et de ce mot d'écrit ?
Euh ! n'admirez-vous point cette adresse d'esprit ?
Trouvez-vous pas plaisant de voir quel personnage
A joué mon jaloux dans tout ce badinage ?
Dites.

ARNOLPHE

Oui, fort plaisant.

Vocabulaire et expressions

1. *Ont de l'air* : ressemblent à.
2. *Tranchant avec moi par ces termes exprès* : coupant court en termes clairs.
3. *Du tour* : du style, de la façon.

Horace

Riez-en donc un peu.

(*Arnolphe rit d'un ris forcé.*)

Cet homme, gendarmé[1] d'abord contre mon feu[2],
Qui chez lui se retranche, et de grès fait parade[3],
Comme si j'y voulois entrer par escalade ;
Qui, pour me repousser, dans son bizarre effroi,
Anime du dedans tous ses gens contre moi,
Et qu'abuse à ses yeux[4], par sa machine[5] même,
Celle qu'il veut tenir dans l'ignorance extrême !
Pour moi, je vous l'avoue, encor que son retour
En un grand embarras jette ici mon amour,
Je tiens cela plaisant autant qu'on saurait dire,
Je ne puis y songer sans de bon cœur en rire :
Et vous n'en riez pas assez, à mon avis.

Arnolphe, *avec un ris forcé.*

Pardonnez-moi, j'en ris tout autant que je puis.

Horace

Mais il faut qu'en ami je vous montre la lettre.
Tout ce que son cœur sent, sa main a su l'y mettre,
Mais en termes touchants et tous pleins de bonté,
De tendresse innocente et d'ingénuité,
De la manière enfin que la pure nature
Exprime de l'amour la première blessure.

Vocabulaire

1. *Gendarmé* : en colère et prêt à se défendre.
2. *Feu* : métaphore précieuse : amour.
3. *De grès fait parade* : se protège avec des pierres.
4. *Qu'abuse à ses yeux* : que trompe sous ses yeux.
5. *Machine* : stratagème.

Arnolphe, *bas.*

Voilà, friponne, à quoi l'écriture te sert ;
Et contre mon dessein l'art t'en fut découvert.

Horace *lit.*

« Je veux vous écrire, et je suis bien en peine par où je m'y prendrai. J'ai des pensées que je désirerais que vous sussiez ; mais je ne sais comment faire pour vous les dire, et je me défie[1] de mes paroles. Comme je commence à connaître[2] qu'on m'a toujours tenue dans l'ignorance, j'ai peur de mettre quelque chose qui ne soit pas bien, et d'en dire plus que je ne devrais. En vérité, je ne sais ce que vous m'avez fait ; mais je sens que je suis fâchée à mourir de ce qu'on me fait faire contre vous, que j'aurai toutes les peines du monde à me passer de vous, et que je serais bien aise d'être à vous. Peut-être qu'il y a du mal à dire cela ; mais enfin je ne puis m'empêcher de le dire, et je voudrais que cela se pût faire sans qu'il y en eût. On me dit fort que tous les jeunes hommes sont des trompeurs, qu'il ne les faut point écouter, et que tout ce que vous me dites n'est que pour m'abuser ; mais je vous assure que je n'ai pu encore me figurer cela de vous, et je suis si touchée de vos paroles, que je ne saurais croire qu'elles soient menteuses. Dites-moi franchement ce qui en est ; car enfin, comme je suis sans malice, vous auriez le plus grand tort du monde, si vous me trompiez ; et je pense que j'en mourrais de déplaisir[3]. »

Vocabulaire

1. *Défie* : méfie.
2. *Connaître* : comprendre.
3. *Déplaisir* : désespoir.

ARNOLPHE

Hon ! chienne !

HORACE

Qu'avez-vous ?

ARNOLPHE

Moi ? rien. C'est que je tousse.

HORACE

Avez-vous jamais vu d'expression plus douce ?
Malgré les soins maudits d'un injuste pouvoir,
Un plus beau naturel peut-il se faire voir ?
Et n'est-ce pas sans doute un crime punissable
De gâter méchamment ce fonds d'âme admirable,
D'avoir dans l'ignorance et la stupidité
Voulu de cet esprit étouffer la clarté ?
L'amour a commencé d'en déchirer le voile ;
Et si par la faveur de quelque bonne étoile,
Je puis, comme j'espère, à ce franc animal,
Ce traître, ce bourreau, ce faquin[1], ce brutal…

ARNOLPHE

Adieu.

HORACE

Comment, si vite ?

Vocabulaire
1. *Faquin* : homme malhonnête et méprisable.

ARNOLPHE

Il m'est dans la pensée
Venu tout maintenant une affaire pressée.

HORACE

Mais ne sauriez-vous point, comme on la tient de près,
Qui dans cette maison pourrait avoir accès ?
J'en use sans scrupule ; et ce n'est pas merveille[1]
Qu'on se puisse, entre amis, servir à la pareille[2].
Je n'ai plus là dedans que gens pour m'observer ;
Et servante et valet, que je viens de trouver,
N'ont jamais, de quelque air que je m'y sois pu prendre,
Adouci leur rudesse à me vouloir entendre.
J'avais pour de tels coups certaine vieille en main,
D'un génie, à vrai dire, au-dessus de l'humain :
Elle m'a dans l'abord[3] servi de bonne sorte ;
Mais depuis quatre jours la pauvre femme est morte.
Ne me pourriez-vous point ouvrir quelque moyen ?

ARNOLPHE

Non, vraiment ; et sans moi vous en trouverez bien.

HORACE

Adieu donc. Vous voyez ce que je vous confie.

Vocabulaire et expressions

1. *Ce n'est pas merveille* : il n'y a rien d'extraordinaire.

2. *Servir à la pareille* : se rendre service.

3. *Dans l'abord* : pour aborder Agnès la première fois.

Scène 5

ARNOLPHE

ARNOLPHE

Comme il faut devant lui que je me mortifie[1] !
Quelle peine à cacher mon déplaisir cuisant[2] !
Quoi ? pour une innocente[3] un esprit si présent !
Elle a feint d'être telle à mes yeux, la traîtresse,
Ou le diable à son âme a soufflé cette adresse.
Enfin me voilà mort par ce funeste écrit.
Je vois qu'il a, le traître, empaumé[4] son esprit,
Qu'à ma suppression il s'est ancré[5] chez elle ;
Et c'est mon désespoir et ma peine mortelle.
Je souffre doublement dans le vol de son cœur,
Et l'amour y pâtit aussi bien que l'honneur.
J'enrage de trouver cette place usurpée[6],
Et j'enrage de voir ma prudence trompée.
Je sais que, pour punir son amour libertin,
Je n'ai qu'à laisser faire à son mauvais destin,
Que je serai vengé d'elle par elle-même ;
Mais il est bien fâcheux de perdre ce qu'on aime.
Ciel ! puisque pour un choix j'ai tant philosophé,
Faut-il de ses appas m'être si fort coiffé !

Vocabulaire

1. *Que je me mortifie* : que je me torture en subissant l'humiliation.
2. *Cuisant* : très douloureux.
3. *Pour une innocente* : pour celle que je croyais naïve.
4. *Empaumé* : séduit.
5. *Qu'à ma suppression il s'est ancré* : qu'il a pris ma place.
6. *Usurpée* : volée.

Elle n'a ni parents, ni support[1], ni richesse ;
Elle trahit mes soins, mes bontés, ma tendresse :
Et cependant je l'aime, après ce lâche tour,
Jusqu'à ne me pouvoir passer de cet amour.
Sot, n'as-tu point de honte ? Ah ! je crève, j'enrage,
Et je souffletterais mille fois mon visage.
Je veux entrer un peu, mais seulement pour voir
Quelle est sa contenance[2] après un trait si noir[3].
Ciel, faites que mon front soit exempt de disgrâce[4] ;
Ou bien, s'il est écrit qu'il faille que j'y passe[5],
Donnez-moi tout au moins, pour de tels accidents,
La constance[6] qu'on voit à de certaines gens !

Vocabulaire

1. *Support* : soutien.
2. *Contenance* : attitude.
3. *Un trait si noir* : une si mauvaise action.
4. *Que mon front soit exempt de disgrâce* : que je ne subisse pas le déshonneur.
5. *Que j'y passe* : ici, que je sois déshonoré.
6. *Constance* : force morale.

Acte IV

Scène 1

ARNOLPHE

ARNOLPHE

J'ai peine, je l'avoue, à demeurer en place,
Et de mille soucis mon esprit s'embarrasse,
Pour pouvoir mettre un ordre et dedans et dehors
Qui du godelureau[1] rompe tous les efforts.
De quel œil la traîtresse a soutenu ma vue !
De tout ce qu'elle a fait elle n'est point émue ;
Et bien qu'elle me mette à deux doigts du trépas,
On dirait, à la voir, qu'elle n'y touche pas[2].
Plus en la regardant je la voyais tranquille,
Plus je sentais en moi s'échauffer une bile[3] ;
Et ces bouillants transports[4] dont s'enflammait mon cœur
Y semblaient redoubler mon amoureuse ardeur ;
J'étais aigri, fâché, désespéré contre elle :
Et cependant jamais je ne la vis si belle,
Jamais ses yeux aux miens n'ont paru si perçants,
Jamais je n'eus pour eux des désirs si pressants ;
Et je sens là-dedans[5] qu'il faudra que je crève

Vocabulaire et expression

1. *Godelureau* : familier : jeune hommes qui aime courtiser les femmes.
2. *Qu'elle n'y touche pas* : qu'elle est innocente.
3. *S'échauffer une bile* : monter la colère.
4. *Bouillant transports* : fortes émotions.
5. *Là-dedans* : dans mon cœur.

Si de mon triste sort la disgrâce s'achève.
Quoi ? j'aurai dirigé son éducation
Avec tant de tendresse et de précaution,
Je l'aurai fait passer chez moi dès son enfance,
Et j'en aurai chéri la plus tendre espérance,
Mon cœur aura bâti[1] sur ses attraits naissants
Et cru la mitonner[2] pour moi durant treize ans,
Afin qu'un jeune fou dont elle s'amourache
Me la vienne enlever jusque sur la moustache,
Lorsqu'elle est avec moi mariée à demi !
Non, parbleu ! non, parbleu ! Petit sot, mon ami,
Vous aurez beau tourner : ou j'y perdrai mes peines,
Ou je rendrai, ma foi, vos espérances vaines,
Et de moi tout à fait vous ne vous rirez point.

Scène 2

Le Notaire, Arnolphe

Le Notaire

Ah ! le voilà ! Bonjour. Me voici tout à point[3]
Pour dresser le contrat[4] que vous souhaitez faire.

Arnolphe, *sans le voir.*

Comment faire ?

Le Notaire

Il le faut dans la forme ordinaire.

Vocabulaire et expressions

1. *Aura bâti* : ici, aura imaginé.
2. *Mitonner* : métaphore : laisser cuire longtemps à petit feu.
3. *Tout à point* : sur le point.
4. *Dresser le contrat* : rédiger le contrat de mariage.

ARNOLPHE, *sans le voir.*

À mes précautions je veux songer de près.

LE NOTAIRE

Je ne passerai rien[1] contre vos intérêts.

ARNOLPHE, *sans le voir.*

Il se faut garantir de toutes les surprises.

LE NOTAIRE

Suffit qu'entre mes mains vos affaires soient mises.
Il ne vous faudra point, de peur d'être déçu,
Quittancer le contrat que vous n'ayez reçu[2].

ARNOLPHE, *sans le voir.*

J'ai peur, si je vais faire éclater quelque chose,
Que de cet incident par la ville on ne cause.

LE NOTAIRE

Hé bien, il est aisé d'empêcher cet éclat,
Et l'on peut en secret faire votre contrat.

ARNOLPHE, *sans le voir.*

Mais comment faudra-t-il qu'avec elle j'en sorte ?

LE NOTAIRE

Le douaire[3] se règle au bien[4] qu'on vous apporte.

ARNOLPHE, *sans le voir.*

Je l'aime, et cet amour est mon grand embarras.

Vocabulaire

1. *Je ne passerai rien* : je n'écrirai rien dans l'acte.

2. *Quittancer le contrat que vous n'ayez reçu* : attester par écrit sur le contrat de mariage que vous avez reçu la dot de votre femme si ce n'est pas le cas.

3. *Le douaire* : argent et biens que le mari laisse à sa femme pour vivre et dont elle jouit encore après sa mort.

4. *Se règle au bien* : se calcule en fonction de la dot.

LE NOTAIRE

On peut avantager une femme en ce cas.

ARNOLPHE, *sans le voir.*

Quel traitement lui faire en pareille aventure ?

LE NOTAIRE

L'ordre est que le futur doit douer[1] la future
Du tiers du dot qu'elle a ; mais cet ordre n'est rien,
Et l'on va plus avant lorsque l'on le veut bien.

ARNOLPHE, *sans le voir.*

Si…

LE NOTAIRE (*Arnolphe l'apercevant.*)

Pour le préciput[2], il les regarde ensemble.
Je dis que le futur peut comme bon lui semble
Douer la future.

ARNOLPHE, *l'ayant aperçu.*

Euh !

LE NOTAIRE

Il peut l'avantager
Lorsqu'il l'aime beaucoup et qu'il veut l'obliger[3],
Et cela par douaire, ou préfix[4] qu'on appelle,
Qui demeure perdu par le trépas d'icelle[5],

Vocabulaire

1. *Douer* : doter, donner à.
2. *Préciput* : en cas de décès, droit du conjoint survivant de prélever sur le bien commun.
3. *L'obliger* : lui faire plaisir.
4. *Préfix* : douaire déterminé à l'avance.
5. *Perdu par le trépas d'icelle* : abandonné à la mort de celle-ci.

Ou sans retour, qui va de ladite à ses hoirs[6],
Ou coutumier[2], selon les différents vouloirs,
Ou par donation dans le contrat formelle,
Qu'on fait ou pure et simple[3], ou qu'on fait mutuelle[4].
Pourquoi hausser le dos[5] ? Est-ce qu'on parle en fat[6],
Et que l'on ne sait pas les formes d'un contrat ?
Qui me les apprendra ? Personne, je présume.
Sais-je pas qu'étant joints[7], on est par la Coutume
Communs en meubles, biens immeubles et conquêts[8],
À moins que par un acte on y renonce exprès ?
Sais-je pas que le tiers du bien de la future
Entre en communauté pour…

ARNOLPHE

Oui, c'est chose sûre,
Vous savez tout cela ; mais qui vous en dit mot ?

LE NOTAIRE

Vous, qui me prétendez faire passer pour sot,
En me haussant l'épaule et faisant la grimace.

ARNOLPHE

La peste soit fait l'homme, et sa chienne de face !
Adieu : c'est le moyen de vous faire finir.

Vocabulaire

1. *Qui va de ladite à ses hoirs* : qui est transmis par l'épouse dont on parle à ses héritiers.
2. *Coutumier* : selon les règles du droit coutumier.
3. *Pure et simple* : en faveur d'un seul conjoint.
4. *Mutuelle* : en faveur du conjoint survivant.
5. *Hausser le dos* : hausser les épaules.
6. *Fat* : homme vaniteux.
7. *Joints* : unis par le contrat de mariage.
8. *Conquêts* : biens acquis ensemble pendant le mariage.

LE NOTAIRE

Pour dresser un contrat m'a-t-on pas fait venir ?

ARNOLPHE

Oui, je vous ai mandé[1] ; mais la chose est remise,
Et l'on vous mandera quand l'heure sera prise[2].
Voyez quel diable d'homme avec son entretien !

LE NOTAIRE

Je pense qu'il en tient[3], et je crois penser bien.

Scène 3

LE NOTAIRE, ALAIN, GEORGETTE, ARNOLPHE

LE NOTAIRE

M'êtes-vous pas venu quérir pour votre maître ?

ALAIN

Oui.

LE NOTAIRE

J'ignore pour qui vous le pouvez connaître[4],
Mais allez de ma part lui dire de ce pas
Que c'est un fou fieffé.

GEORGETTE

Nous n'y manquerons pas.

Vocabulaire et expressions

1. *Mandé* : fait venir.

2. *Quand l'heure sera prise* : quand le moment sera venu.

3. *Qu'il en tient* : qu'il est fou.

4. *Pour qui vous le pouvez connaître* : quel genre d'homme il est avec vous.

Scène 4

ALAIN, GEORGETTE, ARNOLPHE

ALAIN

Monsieur…

ARNOLPHE

Approchez-vous : vous êtes mes fidèles,
Mes bons, mes vrais amis, et j'en sais des nouvelles.

ALAIN

Le Notaire…

ARNOLPHE

Laissons, c'est pour quelque autre jour.
On veut à mon honneur jouer d'un mauvais tour ;
Et quel affront pour vous, mes enfants, pourrait-ce être,
Si l'on avait ôté l'honneur à votre maître !
Vous n'oseriez après paraître en nul endroit,
Et chacun, vous voyant, vous montrerait au doigt.
Donc, puisque autant que moi l'affaire vous regarde,
Il faut de votre part faire une telle garde,
Que ce galant ne puisse en aucune façon…

GEORGETTE

Vous nous avez tantôt montré notre leçon.

ARNOLPHE

Mais à ses beaux discours gardez bien de vous rendre[1].

Vocabulaire et expression

1. *À ses beaux discours gardez bien de vous rendre* : n'écoutez pas ses beaux discours.

ALAIN

Oh ! vraiment.

GEORGETTE

Nous savons comme il faut s'en défendre.

ARNOLPHE

S'il venait doucement : « Alain, mon pauvre cœur,
Par un peu de secours soulage ma langueur. »

ALAIN

Vous êtes un sot.

ARNOLPHE, *à Georgette.*

Bon. « Georgette, ma mignonne,
Tu me parais si douce et si bonne personne. »

GEORGETTE

Vous êtes un nigaud.

ARNOLPHE, *à Alain.*

Bon. « Quel mal trouves-tu
Dans un dessein honnête et tout plein de vertu[1] ? »

ALAIN

Vous êtes un fripon.

ARNOLPHE, *à Georgette.*

Fort bien. « Ma mort est sûre,
Si tu ne prends pitié des peines que j'endure. »

Vocabulaire
1. *Vertu* : intentions conformes à la morale.

GEORGETTE

Vous êtes un benêt, un impudent[1].

ARNOLPHE

Fort bien.

« Je ne suis pas un homme à vouloir rien pour rien ;
Je sais, quand on me sert, en garder la mémoire ;
Cependant, par avance, Alain, voilà pour boire ;
Et voilà pour t'avoir, Georgette, un cotillon[2] :
(*Ils tendent tous deux la main, et prennent l'argent.*)
Ce n'est de mes bienfaits qu'un simple échantillon.
Toute la courtoisie enfin dont je vous presse[3],
C'est que je puisse[4] voir votre belle maîtresse. »

GEORGETTE, *le poussant.*

À d'autres.

ARNOLPHE

Bon cela.

ALAIN, *le poussant.*

Hors d'ici.

ARNOLPHE

Bon.

GEORGETTE, *le poussant.*

Mais tôt.

Vocabulaire

1. *Impudent* : un homme qui m'offense volontairement.
2. *Cotillon* : jupon.
3. *La courtoisie enfin dont je vous presse* : le service que je vous demande avec insistance.
4. *C'est que je puisse* : c'est dans le but de.

ARNOLPHE

Bon. Holà ! c'est assez.

GEORGETTE

Fais-je pas comme il faut ?

ALAIN

Est-ce de la façon que vous voulez l'entendre ?

ARNOLPHE

Oui, fort bien, hors l'argent, qu'il ne fallait pas prendre.

GEORGETTE

Nous ne nous sommes pas souvenus de ce point.

ALAIN

Voulez-vous qu'à l'instant nous recommencions ?

ARNOLPHE

Point.

Suffit. Rentrez tous deux.

ALAIN

Vous n'avez rien qu'à dire.

ARNOLPHE

Non, vous dis-je ; rentrez, puisque je le désire.
Je vous laisse l'argent. Allez : je vous rejoins.
Ayez bien l'œil à tout, et secondez mes soins.

Scène 5

ARNOLPHE

ARNOLPHE

Je veux, pour espion qui soit d'exacte vue[1],
Prendre le savetier du coin de notre rue.
Dans la maison toujours je prétends la tenir,
Y faire bonne garde, et surtout en bannir
Vendeuses de ruban, perruquières[2], coiffeuses,
Faiseuses de mouchoirs, gantières, revendeuses,
Tous ces gens qui sous main travaillent chaque jour
À faire réussir les mystères d'amour.
Enfin j'ai vu le monde et j'en sais les finesses.
Il faudra que mon homme ait de grandes adresses
Si message ou poulet[3] de sa part peut entrer.

Scène 6

HORACE, ARNOLPHE

HORACE

La place m'est heureuse à[4] vous y rencontrer.
Je viens de l'échapper bien belle, je vous jure.
Au sortir d'avec vous, sans prévoir l'aventure,
Seule dans son balcon j'ai vu paraître Agnès,

Vocabulaire et expressions

1. *D'exacte vue* : d'une grande vigilance.

2. *Perruquières* : artisans qui façonnent des perruques, des postiches et des ornements pour les cheveux.

3. *Poulet* : billet doux.

4. *La place m'est heureuse à* : je suis heureux en ce lieu de.

Qui des arbres prochains prenait un peu le frais.
Après m'avoir fait signe, elle a su faire en sorte,
Descendant au jardin, de m'en ouvrir la porte ;
Mais à peine tous deux dans sa chambre étions-nous,
Qu'elle a sur les degrés[1] entendu son jaloux ;
Et tout ce qu'elle a pu dans un tel accessoire[2],
C'est de me renfermer dans une grande armoire.
Il est entré d'abord[3] : je ne le voyais pas,
Mais je l'oyais[4] marcher, sans rien dire, à grands pas,
Poussant de temps en temps des soupirs pitoyables,
Et donnant quelquefois de grands coups sur les tables,
Frappant un petit chien qui pour lui s'émouvait,
Et jetant brusquement les hardes[5] qu'il trouvait ;
Il a même cassé, d'une main mutinée[6],
Des vases dont la belle ornait sa cheminée ;
Et sans doute il faut bien qu'à ce becque cornu[7]
Du trait[8] qu'elle a joué quelque jour[9] soit venu.
Enfin, après cent tours, ayant de la manière
Sur ce qui n'en peut mais[10] déchargé sa colère,
Mon jaloux inquiet, sans dire son ennui,
Est sorti de la chambre, et moi de mon étui.
Nous n'avons point voulu, de peur du personnage,

Vocabulaire

1. *Sur les degrés* : dans les escaliers.
2. *Dans un tel accessoire* : dans une pareille situation.
3. *D'abord* : immédiatement après.
4. *Oyais* : entendais.
5. *Hardes* : vêtements.
6. *Mutinée* : révoltée.
7. *Ce becque cornu* : expression familière venant de l'italien *becco cornuto*, « bouc cornu » : mari trompé.
8. *Trait* : manigance.
9. *Jour* : lumières, connaissance.
10. *Ce qui n'en peut mais* : les choses qui n'y peuvent rien.

Risquer à nous tenir ensemble[1] davantage :
C'était trop hasarder ; mais je dois, cette nuit,
Dans sa chambre un peu tard m'introduire sans bruit.
En toussant par trois fois je me ferai connaître ;
Et je dois au signal voir ouvrir la fenêtre,
Dont, avec une échelle, et secondé d'Agnès,
Mon amour tâchera de me gagner l'accès.
Comme à mon seul ami, je veux bien vous l'apprendre :
L'allégresse du cœur[2] s'augmente à la répandre ;
Et, goûtât-on cent fois un bonheur trop parfait,
On n'en est pas content, si quelqu'un ne le sait.
Vous prendrez part, je pense, à l'heur de mes affaires.
Adieu. Je vais songer aux choses nécessaires[3].

Scène 7

ARNOLPHE

ARNOLPHE

Quoi ? l'astre qui s'obstine à me désespérer
Ne me donnera pas le temps de respirer ?
Coup sur coup je verrai, par leur intelligence[4],
De mes soins vigilants confondre[5] la prudence ?
Et je serai la dupe, en ma maturité,
D'une jeune innocente et d'un jeune éventé ?

Vocabulaire

1. *Nous tenir ensemble* : rester ensemble.
2. *L'allégresse du cœur* : la joie qui submerge mon cœur.
3. *Nécessaires* : utiles à l'escalade.
4. *Intelligence* : complicité.
5. *Confondre* : réduire à néant.

En sage philosophe on m'a vu, vingt années,
Contempler des maris les tristes destinées,
Et m'instruire avec soin de tous les accidents
Qui font dans le malheur tomber les plus prudents ;
Des disgrâces d'autrui profitant dans mon âme,
J'ai cherché les moyens, voulant prendre une femme,
De pouvoir garantir mon front de tous affronts,
Et le tirer de pair[1] d'avec les autres fronts.
Pour ce noble dessein, j'ai cru mettre en pratique
Tout ce que peut trouver l'humaine politique[2] ;
Et comme si du sort il était arrêté[3]
Que nul homme ici-bas n'en serait exempté,
Après l'expérience et toutes les lumières
Que j'ai pu m'acquérir sur de telles matières,
Après vingt ans et plus de méditation
Pour me conduire en tout avec précaution,
De tant d'autres maris j'aurais quitté la trace
Pour me trouver après dans la même disgrâce ?
Ah ! bourreau de destin, vous en aurez menti.
De l'objet qu'on poursuit je suis encor nanti[4] ;
Si son cœur m'est volé par ce blondin funeste,
J'empêcherai du moins qu'on s'empare du reste,
Et cette nuit, qu'on prend pour le galant exploit,
Ne se passera pas si doucement qu'on croit.

Vocabulaire

1. *Le tirer de pair* : le distinguer, le rendre différent.
2. *L'humaine politique* : la sagesse des hommes.
3. *Du sort il était arrêté* : le destin avait pour loi.
4. *Nanti* : pourvu, en possession.

Ce m'est quelque plaisir, parmi tant de tristesse,
Que l'on me donne avis du piège qu'on me dresse,
Et que cet étourdi, qui veut m'être fatal,
Fasse son confident de son propre rival.

Scène 8

CHRYSALDE, ARNOLPHE

CHRYSALDE

Hé bien, souperons-nous avant la promenade ?

ARNOLPHE

Non, je jeûne ce soir.

CHRYSALDE

D'où vient cette boutade[1] ?

ARNOLPHE

De grâce, excusez-moi : j'ai quelque autre embarras.

CHRYSALDE

Votre hymen résolu[2] ne se fera-t-il pas ?

ARNOLPHE

C'est trop s'inquiéter des affaires des autres.

CHRYSALDE

Oh ! oh ! si brusquement ! Quels chagrins sont les vôtres ?
Serait-il point, compère, à votre passion

Vocabulaire

1. *Boutade* : marque de mauvaise humeur.

2. *Votre hymen résolu* : le mariage que vous avez décidé.

Arrivé quelque peu de tribulation[1] ?
Je le jurerais presque à voir votre visage.

ARNOLPHE

Quoi qu'il m'arrive, au moins aurai-je l'avantage
De ne pas ressembler à de certaines gens
Qui souffrent doucement l'approche des galants.

CHRYSALDE

C'est un étrange fait, qu'avec tant de lumières,
Vous vous effarouchiez toujours sur ces matières,
Qu'en cela vous mettiez le souverain bonheur,
Et ne conceviez point au monde d'autre honneur.
Être avare, brutal, fourbe, méchant et lâche,
N'est rien, à votre avis, auprès de cette tache ;
Et, de quelque façon qu'on puisse avoir vécu,
On est homme d'honneur quand on n'est point cocu.
À le bien prendre au fond, pourquoi voulez-vous croire
Que de ce cas fortuit dépende notre gloire,
Et qu'une âme bien née ait à se reprocher
L'injustice d'un mal qu'on ne peut empêcher ?
Pourquoi voulez-vous, dis-je, en prenant une femme,
Qu'on soit digne, à son choix, de louange ou de blâme,
Et qu'on s'aille former un monstre plein d'effroi
De l'affront que nous fait son manquement de foi[2] ?
Mettez-vous dans l'esprit qu'on peut du cocuage

Vocabulaire

1. *Tribulation* : souci, épreuve.

2. *Son manquement de foi* : son infidélité.

Se faire en galant homme une plus douce image,
Que des coups du hasard aucun n'étant garant,
Cet accident de soi[1] doit être indifférent,
Et qu'enfin tout le mal, quoi que le monde glose[2],
N'est que dans la façon de recevoir la chose ;
Car, pour se bien conduire en ces difficultés,
Il y faut, comme en tout, fuir les extrémités[3],
N'imiter pas ces gens un peu trop débonnaires[4]
Qui tirent vanité de ces sortes d'affaires,
De leurs femmes toujours vont citant les galans,
En font partout l'éloge, et prônent leurs talens,
Témoignent avec eux d'étroites sympathies,
Sont de tous leurs cadeaux, de toutes leurs parties,
Et font qu'avec raison les gens sont étonnés
De voir leur hardiesse à montrer là leur nez.
Ce procédé, sans doute, est tout à fait blâmable ;
Mais l'autre extrémité n'est pas moins condamnable.
Si je n'approuve pas ces amis des galans,
Je ne suis pas aussi[5] pour ces gens turbulents
Dont l'imprudent chagrin, qui tempête et qui gronde,
Attire au bruit qu'il fait les yeux de tout le monde,
Et qui, par cet éclat, semblent ne pas vouloir
Qu'aucun puisse ignorer ce qu'ils peuvent avoir.
Entre ces deux partis il en est un honnête,

Vocabulaire

1. *De soi* : en lui-même.
2. *Quoi que le monde glose* : quoi qu'en dise les gens.
3. *Les extrémités* : les positions extrêmes, excessives.
4. *Débonnaires* : d'une bonté excessive.
5. *Aussi* : non plus.

Où dans l'occasion l'homme prudent s'arrête ;
Et quand on le sait prendre, on n'a point à rougir
Du pis dont une femme avec nous puisse agir.
Quoi qu'on en puisse dire enfin, le cocuage
Sous des traits moins affreux aisément s'envisage ;
Et, comme je vous dis, toute l'habileté
Ne va qu'à le savoir tourner du bon côté.

ARNOLPHE

Après ce beau discours, toute la confrérie[1]
Doit un remercîment à Votre Seigneurie ;
Et quiconque voudra vous entendre parler
Montrera de la joie à s'y voir enrôler.

CHRYSALDE

Je ne dis pas cela, car c'est ce que je blâme ;
Mais, comme c'est le sort qui nous donne une femme,
Je dis que l'on doit faire ainsi qu'au jeu de dés,
Où, s'il ne vous vient pas ce que vous demandez,
Il faut jouer d'adresse, et d'une âme réduite[2]
Corriger le hasard par la bonne conduite.

ARNOLPHE

C'est-à-dire dormir et manger toujours bien,
Et se persuader que tout cela n'est rien.

CHRYSALDE

Vous pensez vous moquer ; mais, à ne vous rien feindre[3],

Vocabulaire

1. *Confrérie* : ici, association des maris trompés.
2. *Réduite* : résignée.
3. *À ne vous rien feindre* : pour ne pas vous mentir.

Dans le monde je vois cent choses plus à craindre
Et dont je me ferais un bien plus grand malheur
Que de cet accident qui vous fait tant de peur.
Pensez-vous qu'à choisir de deux choses prescrites,
Je n'aimasse pas mieux être ce que vous dites,
Que de me voir mari de ces femmes de bien,
Dont la mauvaise humeur fait un procès sur rien,
Ces dragons de vertu[1], ces honnêtes diablesses,
Se retranchant toujours sur leurs sages prouesses[2],
Qui, pour un petit tort qu'elles ne nous font pas,
Prennent droit de traiter les gens de haut en bas,
Et veulent, sur le pied[3] de nous être fidèles,
Que nous soyons tenus à tout endurer d'elles ?
Encore un coup, compère, apprenez qu'en effet
Le cocuage n'est que ce que l'on le fait,
Qu'on peut le souhaiter pour de certaines causes,
Et qu'il a ses plaisirs comme les autres choses.

ARNOLPHE

Si vous êtes d'humeur à vous en contenter,
Quant à moi, ce n'est pas la mienne d'en tâter[4] ;
Et plutôt que subir une telle aventure…

CHRYSALDE

Mon Dieu ! ne jurez point, de peur d'être parjure.
Si le sort l'a réglé, vos soins sont superflus,

Vocabulaire et expressions

1. *Dragons de vertu* : femme intraitable, qui prône une vertu implacable.
2. *Sages prouesses* : actions de bravoure vertueuse.
3. *Sur le pied* : sous prétexte.
4. *D'en tâter* : d'essayer.

Et l'on ne prendra pas votre avis là-dessus.

ARNOLPHE

Moi, je serais cocu ?

CHRYSALDE

Vous voilà bien malade !
Mille gens le sont bien, sans vous faire bravade[1],
Qui de mine, de cœur, de biens et de maison,
Ne feraient avec vous nulle comparaison[2].

ARNOLPHE

Et moi, je n'en voudrais avec eux faire aucune.
Mais cette raillerie, en un mot, m'importune[3] :
Brisons-là[4], s'il vous plaît.

CHRYSALDE

Vous êtes en courroux.
Nous en saurons la cause. Adieu. Souvenez-vous,
Quoi que sur ce sujet votre honneur vous inspire,
Que c'est être à demi ce que l'on vient de dire,
Que de vouloir jurer qu'on ne le sera pas.

ARNOLPHE

Moi, je le jure encore, et je vais de ce pas
Contre cet accident trouver un bon remède.

Vocabulaire

1. *Bravade* : offense.
2. *Ne feraient avec vous nulle comparaison* : ne peuvent être comparés à vous.
3. *M'importune* : m'est très désagréable.
1. *Brisons-là* : arrêtons tout de suite.

Scène 9

ALAIN, GEORGETTE, ARNOLPHE

ARNOLPHE

Mes amis, c'est ici que j'implore votre aide.
Je suis édifié de votre affection[1] ;
Mais il faut qu'elle éclate en cette occasion ;
Et si vous m'y servez selon ma confiance[2],
Vous êtes assurés de votre récompense.
L'homme que vous savez, n'en faites point de bruit,
Veut, comme je l'ai su, m'attraper[3] cette nuit,
Dans la chambre d'Agnès entrer par escalade ;
Mais il lui faut nous trois dresser une embuscade.
Je veux que vous preniez chacun un bon bâton,
Et quand il sera près du dernier échelon
(Car dans le temps qu'il faut j'ouvrirai la fenêtre),
Que tous deux, à l'envi, vous me chargiez[4] ce traître,
Mais d'un air[5] dont son dos garde le souvenir,
Et qui lui puisse apprendre à n'y plus revenir :
Sans me nommer pourtant en aucune manière,
Ni faire aucun semblant[6] que je serai derrière.
Aurez-vous bien l'esprit de servir mon courroux ?

Vocabulaire

1. *Je suis édifié de votre affection* : je sais que vous êtes très attachés à moi.
2. *Selon ma confiance* : comme je l'espère.
3. *M'attraper* : me prendre au piège.
4. *Vous me chargiez* : vous attaquiez.
5. *D'un air* : d'une manière.
6. *Ni faire aucun semblant* : sans laisser paraître.

ALAIN

S'il ne tient qu'à frapper, Monsieur, tout est à nous :
Vous verrez, quand je bats, si j'y vais de main morte.

GEORGETTE

La mienne, quoique aux yeux elle n'est pas si forte,
N'en quitte pas sa part à le bien étriller[1].

ARNOLPHE

Rentrez donc ; et surtout gardez de babiller.
Voilà pour le prochain une leçon utile ;
Et si tous les maris qui sont en cette ville
De leurs femmes ainsi recevaient le galant,
Le nombre des cocus ne serait pas si grand.

Vocabulaire
1. *Étriller* : ici, maltraiter.

Acte V

Scène 1

ALAIN, GEORGETTE, ARNOLPHE

ARNOLPHE.

Traîtres, qu'avez-vous fait par cette violence ?

ALAIN

Nous vous avons rendu, Monsieur, obéissance.

ARNOLPHE

De cette excuse en vain vous voulez vous armer :
L'ordre était de le battre, et non de l'assommer ;
Et c'était sur le dos, et non pas sur la tête,
Que j'avais commandé qu'on fît choir la tempête.
Ciel ! dans quel accident me jette ici le sort !
Et que puis-je résoudre[1] à voir cet homme mort ?
Rentrez dans la maison, et gardez de rien dire
De cet ordre innocent que j'ai pu vous prescrire.
Le jour s'en va paraître, et je vais consulter[2]
Comment dans ce malheur je me dois comporter.
Hélas ! que deviendrai-je ? et que dira le père,
Lorsque inopinément il saura cette affaire ?

Vocabulaire

1. *Résoudre à voir :* décider en voyant. **2.** *Consulter* : réfléchir, prendre conseil.

Scène 2

HORACE, ARNOLPHE

HORACE

Il faut que j'aille un peu reconnaître qui c'est.

ARNOLPHE

Eût-on jamais prévu… Qui va là, s'il vous plaît ?

HORACE

C'est vous, Seigneur Arnolphe ?

ARNOLPHE

Oui. Mais vous ?…

HORACE

C'est Horace.

Je m'en allais chez vous, vous prier d'une grâce.
Vous sortez bien matin !

ARNOLPHE, *bas*.

Quelle confusion !
Est-ce un enchantement ? est-ce une illusion ?

HORACE

J'étais, à dire vrai, dans une grande peine,
Et je bénis du Ciel la bonté souveraine
Qui fait qu'à point nommé je vous rencontre ainsi.
Je viens vous avertir que tout a réussi,
Et même beaucoup plus que je n'eusse osé dire,
Et par un incident qui devait tout détruire.
Je ne sais point par où l'on a pu soupçonner

Cette assignation[1] qu'on[2] m'avait su donner ;
Mais, étant sur le point d'atteindre à la fenêtre,
J'ai, contre mon espoir, vu quelques gens paraître,
Qui, sur moi brusquement levant chacun le bras,
M'ont fait manquer le pied et tomber jusqu'en bas,
Et ma chute, aux dépens de[3] quelque meurtrissure,
De vingt coups de bâton m'a sauvé l'aventure.
Ces gens-là, dont était, je pense, mon jaloux,
Ont imputé ma chute à l'effort de leurs coups ;
Et, comme la douleur, un assez long espace[4],
M'a fait sans remuer demeurer sur la place,
Ils ont cru tout de bon qu'ils m'avaient assommé,
Et chacun d'eux s'en est aussitôt alarmé[5].
J'entendois tout leur bruit dans le profond silence :
L'un l'autre ils s'accusaient de cette violence ;
Et sans lumière aucune, en querellant[6] le sort,
Sont venus doucement tâter si j'étais mort :
Je vous laisse à penser si, dans la nuit obscure,
J'ai d'un vrai trépassé su tenir la figure.
Ils se sont retirés avec beaucoup d'effroi ;
Et comme je songeais à me retirer, moi,
De cette feinte mort la jeune Agnès émue
Avec empressement est devers moi[7] venue ;
Car les discours qu'entre eux ces gens avaient tenus

Vocabulaire et expressions

1. *Assignation* : rendez-vous.
2. *On* : Agnès.
3. *Aux dépens de* : malgré.
4. *Espace* : ici, moment.
5. *Alarmé* : inquiété.
6. *En querellant* : en me plaignant.
7. *Devers moi* : auprès de moi.

Jusques à son oreille étaient d'abord venus,
Et pendant tout ce trouble étant moins observée,
Du logis aisément elle s'était sauvée ;
Mais me trouvant sans mal, elle a fait éclater
Un transport[1] difficile à bien représenter.
Que vous dirai-je ? Enfin cette aimable personne
A suivi les conseils que son amour lui donne,
N'a plus voulu songer à retourner chez soi,
Et de tout son destin s'est commise à ma foi[2].
Considérez un peu, par ce trait d'innocence,
Où l'expose d'un fou la haute impertinence[3],
Et quels fâcheux périls elle pourrait courir,
Si j'étais maintenant homme à la moins chérir.
Mais d'un trop pur amour mon âme est embrasée :
J'aimerais mieux mourir que l'avoir abusée[4] ;
Je lui vois des appas dignes d'un autre sort,
Et rien ne m'en saurait séparer que la mort.
Je prévois là-dessus l'emportement[5] d'un père ;
Mais nous prendrons le temps d'apaiser sa colère.
À des charmes si doux je me laisse emporter,
Et dans la vie enfin il se faut contenter.
Ce que je veux de vous, sous un secret fidèle,
C'est que je puisse mettre en vos mains cette belle,
Que dans votre maison, en faveur de mes feux,

Vocabulaire

1. *Transport* : émotion amoureuse.
2. *S'est commise à ma foi* : s'est confiée à moi.
3. *Impertinence* : absurdité, sottise.
4. *Abusée* : trompée sur mes intentions.
5. *L'emportement* : la colère.

Vous lui donniez retraite[1] au moins un jour ou deux.
Outre qu'aux yeux du monde il faut cacher sa fuite,
Et qu'on en pourra faire une exacte[2] poursuite,
Vous savez qu'une fille aussi de sa façon[3]
Donne avec un jeune homme un étrange soupçon ;
Et comme c'est à vous, sûr de votre prudence,
Que j'ai fait de mes feux entière confidence,
C'est à vous seul aussi, comme ami généreux,
Que je puis confier ce dépôt amoureux.

ARNOLPHE

Je suis, n'en doutez point, tout à votre service.

HORACE

Vous voulez bien me rendre un si charmant office[4] ?

ARNOLPHE

Très volontiers, vous dis-je ; et je me sens ravir
De cette occasion que j'ai de vous servir,
Je rends grâces au Ciel de ce qu'il me l'envoie,
Et n'ai jamais rien fait avec si grande joie.

HORACE

Que je suis redevable à toutes vos bontés !
J'avais de votre part craint des difficultés ;
Mais vous êtes du monde[5], et dans votre sagesse
Vous savez excuser le feu de la jeunesse.

Vocabulaire

1. *Retraite* : asile.
2. *Exacte* : parfaite.
3. *De sa façon* : si belle.
4. *Office* : service.
5. *Du monde* : de la bonne société.

Un de mes gens la garde au coin de ce détour[1].

ARNOLPHE

Mais comment ferons-nous ? car il fait un peu jour :
Si je la prends ici, l'on me verra peut-être ;
Et s'il faut que chez moi vous veniez à paraître,
Des valets causeront. Pour jouer au plus sûr,
Il faut me l'amener dans un lieu plus obscur.
Mon allée[2] est commode, et je l'y vais attendre.

HORACE

Ce sont précautions qu'il est fort bon de prendre.
Pour moi, je ne ferai que vous la mettre en main,
Et chez moi, sans éclat, je retourne soudain.

ARNOLPHE, *seul.*

Ah ! fortune, ce trait d'aventure propice
Répare tous les maux que m'a faits ton caprice !
(*Il s'enveloppe le nez de son manteau.*)

Scène 3

AGNÈS, HORACE, ARNOLPHE

HORACE

Ne soyez point en peine[3] où je vais vous mener :
C'est un logement sûr que je vous fais donner.

Vocabulaire et expressions

1. *Détour* : carrefour

2. *Allée* : couloir qui permet d'entrer dans la maison.

3. *Ne soyez point en peine* : ne vous inquiétez pas à propos de.

Vous loger avec moi, ce serait tout détruire :
Entrez dans cette porte et laissez-vous conduire.
(*Arnolphe lui prend la main sans qu'elle le reconnaisse.*)

AGNÈS

Pourquoi me quittez-vous ?

HORACE

Chère Agnès, il le faut.

AGNÈS

Songez donc, je vous prie, à revenir bientôt.

HORACE

J'en suis assez pressé par ma flamme amoureuse.

AGNÈS

Quand je ne vous vois point, je ne suis point joyeuse.

HORACE

Hors de votre présence, on me voit triste aussi.

AGNÈS

Hélas ! s'il était vrai, vous resteriez ici.

HORACE

Quoi ? vous pourriez douter de mon amour extrême !

AGNÈS

Non, vous ne m'aimez pas autant que je vous aime.
(*Arnolphe la tire.*)
Ah ! l'on me tire trop.

HORACE

C'est qu'il est dangereux,
Chère Agnès, qu'en ce lieu nous soyons vus tous deux ;
Et le parfait ami de qui la main vous presse
Suit le zèle prudent qui pour nous l'intéresse[1].

AGNÈS

Mais suivre un inconnu que…

HORACE

N'appréhendez rien :
Entre de telles mains vous ne serez que bien.

AGNÈS

Je me trouverais mieux entre celles d'Horace.
Et j'aurais…

(*À Arnolphe qui la tire encore.*)

Attendez.

HORACE

Adieu, le jour me chasse.

AGNÈS

Quand vous verrai-je donc ?

HORACE

Bientôt, assurément.

Vocabulaire et expression

1. *Qui pour nous l'intéresse* : qui montre l'intérêt qu'il porte à notre amour.

AGNÈS

Que je vais m'ennuyer[1] jusques à ce moment !

HORACE

Grâce au Ciel, mon bonheur n'est plus en concurrence[2],
Et je puis maintenant dormir en assurance[3].

Scène 4

ARNOLPHE, AGNÈS

ARNOLPHE, *le nez dans son manteau.*

Venez, ce n'est pas là que je vous logerai,
Et votre gîte ailleurs est par moi préparé :
Je prétends en lieu sûr mettre votre personne.
Me connaissez-vous ?

AGNÈS, *le reconnaissant.*

Hay !

ARNOLPHE

Mon visage, friponne,
Dans cette occasion rend vos sens effrayés,
Et c'est à contre-cœur qu'ici vous me voyez.
Je trouble en ses projets l'amour qui vous possède.
(*Agnès regarde si elle ne verra point Horace.*)
N'appelez point des yeux le galant à votre aide :

Vocabulaire

1. *M'ennuyer* : me tourmenter.
2. *N'est plus en concurrence* : n'est plus menacé.
3. *En assurance* : rassuré.

Il est trop éloigné pour vous donner secours.
Ah ! ah ! si jeune encor, vous jouez de ces tours !
Votre simplicité, qui semble sans pareille,
Demande si l'on fait les enfants par l'oreille ;
Et vous savez donner des rendez-vous la nuit,
Et pour suivre un galant vous évader sans bruit !
Tudieu[1] ! comme avec lui votre langue cajole[2] !
Il faut qu'on vous ait mise à quelque bonne école.
Qui diantre tout d'un coup vous en a tant appris ?
Vous ne craignez donc plus de trouver des esprits[3] ?
Et ce galant, la nuit, vous a donc enhardie[4] ?
Ah ! coquine, en venir à cette perfidie[5] !
Malgré tous mes bienfaits former un tel dessein !
Petit serpent que j'ai réchauffé dans mon sein,
Et qui, dès qu'il se sent[6], par une humeur ingrate,
Cherche à faire du mal à celui qui le flatte !

AGNÈS

Pourquoi me criez-vous ?

ARNOLPHE

J'ai grand tort en effet !

AGNÈS

Je n'entends point de mal dans tout ce que j'ai fait.

Vocabulaire

1. *Tudieu* : juron familier, dérivé de « vertu Dieu ».
2. *Cajole* : caresse.
3. *Esprits* : revenants.
4. *Enhardie* : donné de l'assurance, de l'audace.
5. *Perfidie* : traîtrise.
6. *Dès qu'il se sent* : dès qu'il est réveillé.

ARNOLPHE

Suivre un galant n'est pas une action infâme ?

AGNÈS

C'est un homme qui dit qu'il me veut pour sa femme :
J'ai suivi vos leçons, et vous m'avez prêché
Qu'il se faut marier pour ôter le péché.

ARNOLPHE

Oui. Mais pour femme, moi je prétendais vous prendre ;
Et je vous l'avais fait, me semble, assez entendre.

AGNÈS

Oui. Mais, à vous parler franchement entre nous,
Il est plus pour cela selon mon goût que vous.
Chez vous le mariage est fâcheux[1] et pénible,
Et vos discours en font une image terrible ;
Mais, las ! il le fait, lui, si rempli de plaisirs,
Que de se marier il donne des désirs.

ARNOLPHE

Ah ! c'est que vous l'aimez, traîtresse !

AGNÈS

Oui, je l'aime.

ARNOLPHE

Et vous avez le front[2] de le dire à moi-même !

Vocabulaire
1. *Fâcheux* : désagréable. **2.** *Le front* : l'audace.

AGNÈS

Et pourquoi, s'il est vrai, ne le dirais-je pas ?

ARNOLPHE

Le deviez-vous aimer, impertinente ?

AGNÈS

Hélas !
Est-ce que j'en puis mais[1] ? Lui seul en est la cause ;
Et je n'y songeais pas lorsque se fit la chose.

ARNOLPHE

Mais il fallait chasser cet amoureux désir.

AGNÈS

Le moyen[2] de chasser ce qui fait du plaisir ?

ARNOLPHE

Et ne saviez-vous pas que c'était me déplaire ?

AGNÈS

Moi ? point du tout. Quel mal cela vous peut-il faire ?

ARNOLPHE

Il est vrai, j'ai sujet d'en être réjoui.
Vous ne m'aimez donc pas, à ce compte ?

AGNÈS

Vous ?

Vocabulaire et expression

1. *Est-ce que j'en puis mais* : y puis-je quelque chose.

2. *Le moyen* : connaissez-vous le moyen.

ARNOLPHE

Oui.

AGNÈS

Hélas ! non.

ARNOLPHE

Comment, non !

AGNÈS

Voulez-vous que je mente ?

ARNOLPHE

Pourquoi ne m'aimer pas, Madame l'impudente ?

AGNÈS

Mon Dieu, ce n'est pas moi que vous devez blâmer :
Que ne vous êtes-vous, comme lui, fait aimer ?
Je ne vous en ai pas empêché, que je pense.

ARNOLPHE

Je m'y suis efforcé de toute ma puissance ;
Mais les soins que j'ai pris, je les ai perdus tous.

AGNÈS

Vraiment, il en sait donc là-dessus plus que vous ;
Car à se faire aimer il n'a point eu de peine.

ARNOLPHE

Voyez comme raisonne et répond la vilaine !
Peste ! une précieuse en dirait-elle plus ?
Ah ! je l'ai mal connue ; ou, ma foi ! là-dessus
Une sotte en sait plus que le plus habile homme.

Puisque en raisonnement votre esprit se consomme[1],
La belle raisonneuse, est-ce qu'un si long temps
Je vous aurai pour lui nourrie[2] à mes dépens ?

AGNÈS

Non. Il vous rendra tout jusques au dernier double[3].

ARNOLPHE

Elle a de certains mots où mon dépit redouble.
Me rendra-t-il, coquine, avec tout son pouvoir,
Les obligations que vous pouvez m'avoir[4] ?

AGNÈS

Je ne vous en ai pas d'aussi grandes qu'on pense.

ARNOLPHE

N'est-ce rien que les soins d'élever votre enfance ?

AGNÈS

Vous avez là-dedans[5] bien opéré vraiment,
Et m'avez fait en tout instruire joliment !
Croit-on que je me flatte, et qu'enfin, dans ma tête,
Je ne juge pas bien que je suis une bête ?
Moi-même, j'en ai honte ; et, dans l'âge où je suis,
Je ne veux plus passer pour sotte, si je puis.

Vocabulaire

1. *Votre esprit se consomme* : vous employez pleinement votre esprit.
2. *Nourrie* : élevée, éduquée.
3. *Double* : pièce de bronze de peu de valeur.
4. *Les obligations que vous pouvez m'avoir* : les devoirs que vous avez envers moi.
5. *Là-dedans* : en ce qui concerne cela.

ARNOLPHE

Vous fuyez l'ignorance, et voulez, quoi qu'il coûte,
Apprendre du blondin quelque chose ?

AGNÈS

Sans doute.
C'est de lui que je sais ce que je puis savoir :
Et beaucoup plus qu'à vous je pense lui devoir.

ARNOLPHE

Je ne sais qui me tient[1] qu'avec une gourmade[2]
Ma main de ce discours ne venge la bravade.
J'enrage quand je vois sa piquante froideur,
Et quelques coups de poing satisferaient mon cœur.

AGNÈS

Hélas ! vous le pouvez, si cela peut vous plaire.

ARNOLPHE

Ce mot et ce regard désarme ma colère,
Et produit un retour de tendresse et de cœur,
Qui de son action m'efface la noirceur.
Chose étrange d'aimer, et que pour ces traîtresses
Les hommes soient sujets à de telles faiblesses !
Tout le monde connaît leur imperfection :
Ce n'est qu'extravagance et qu'indiscrétion ;
Leur esprit est méchant, et leur âme fragile ;

Vocabulaire
1. *Qui me tient* : ce qui me retient. **2.** *Gourmade* : coup de poing.

Il n'est rien de plus faible et de plus imbécile,
Rien de plus infidèle : et malgré tout cela,
Dans le monde on fait tout pour ces animaux-là.
Hé bien ! faisons la paix. Va, petite traîtresse,
Je te pardonne tout et te rends ma tendresse.
Considère par là l'amour que j'ai pour toi,
Et me voyant si bon, en revanche[1] aime-moi.

AGNÈS

Du meilleur de mon cœur je voudrais vous complaire[2] :
Que me coûterait-il, si je le pouvais faire ?

ARNOLPHE

Mon pauvre petit bec[3], tu le peux, si tu veux.
(*Il fait un soupir.*)
Écoute seulement ce soupir amoureux,
Vois ce regard mourant, contemple ma personne,
Et quitte ce morveux et l'amour qu'il te donne.
C'est quelque sort qu'il faut qu'il ait jeté sur toi,
Et tu seras cent fois plus heureuse avec moi.
Ta forte passion est d'être brave et leste[4] :
Tu le seras toujours, va, je te le proteste[5] ;
Sans cesse, nuit et jour, je te caresserai,
Je te bouchonnerai[6], baiserai, mangerai ;
Tout comme tu voudras, tu pourras te conduire :

Vocabulaire
1. *En revanche* : en retour.
2. *Complaire* : plaire.
3. *Petit bec* : petit minois.
4. *Brave et leste* : élégante et bien vêtue, de noble apparence.
5. *Proteste* : promets.
6. *Bouchonnerai* : familier : cajolerai.

Je ne m'explique point, et cela, c'est tout dire.
(*À part.*)
Jusqu'où la passion peut-elle faire aller ?
(*Haut.*)
Enfin à mon amour rien ne peut s'égaler :
Quelle preuve veux-tu que je t'en donne, ingrate ?
Me veux-tu voir pleurer ? Veux-tu que je me batte ?
Veux-tu que je m'arrache un côté de cheveux ?
Veux-tu que je me tue ? Oui, dis si tu le veux :
Je suis tout prêt, cruelle, à te prouver ma flamme.

AGNÈS

Tenez, tous vos discours ne me touchent point l'âme :
Horace avec deux mots en ferait plus que vous.

ARNOLPHE

Ah ! c'est trop me braver, trop pousser mon courroux.
Je suivrai mon dessein, bête trop indocile,
Et vous dénicherez[1] à l'instant de la ville.
Vous rebutez mes vœux et me mettez à bout ;
Mais un cul de couvent[2] me vengera de tout.

Vocabulaire

1. *Dénicherez* : ferez quitter.

2. *Cul de couvent* : lieu le plus isolé et le mieux gardé du couvent.

Scène 5

ALAIN, ARNOLPHE

ALAIN

Je ne sais ce que c'est, Monsieur, mais il me semble
Qu'Agnès et le corps mort s'en sont allés ensemble.

ARNOLPHE

La voici ; dans ma chambre allez me la nicher :
Ce ne sera pas là qu'il la viendra chercher ;
Et puis c'est seulement pour une demi-heure :
Je vais, pour lui donner une sûre demeure,
Trouver une voiture. Enfermez-vous des mieux[1],
Et surtout gardez-vous de la quitter des yeux.
Peut-être que son âme, étant dépaysée,
Pourra de cet amour être désabusée[2].

Scène 6

ARNOLPHE, HORACE

HORACE

Ah ! je viens vous trouver, accablé de douleur.
Le Ciel, Seigneur Arnolphe, a conclu mon malheur[3] ;
Et par un trait fatal[4] d'une injustice extrême,
On me veut arracher de la beauté que j'aime.

Vocabulaire

1. *Des mieux* : le mieux possible.
2. *Désabusée* : tirée d'erreur.
3. *A conclu mon malheur* : a porté mon malheur à son comble.
4. *Un trait fatal* : un coup qui conduit au malheur.

Pour arriver ici mon père a pris le frais[1] ;
J'ai trouvé qu'il mettait pied à terre ici près ;
Et la cause, en un mot, d'une telle venue,
Qui, comme je disais, ne m'était pas connue,
C'est qu'il m'a marié sans m'en récrire rien,
Et qu'il vient en ces lieux célébrer ce lien.
Jugez, en prenant part à mon inquiétude,
S'il pouvoit m'arriver un contre-temps plus rude.
Cet Enrique, dont hier je m'informois à vous,
Cause tout le malheur dont je ressens les coups ;
Il vient avec mon père achever ma ruine,
Et c'est sa fille unique à qui l'on me destine.
J'ai, dès leurs premiers mots, pensé m'évanouir ;
Et d'abord, sans vouloir plus longtemps les ouïr,
Mon père ayant parlé de vous rendre visite,
L'esprit plein de frayeur je l'ai devancé vite.
De grâce, gardez-vous de lui rien découvrir
De mon engagement qui le pourrait aigrir[2] ;
Et tâchez, comme en vous il prend grande créance[3],
De le dissuader de cette autre alliance.

ARNOLPHE

Oui-da[4].

HORACE

Conseillez-lui de différer un peu,

Vocabulaire et expressions

1. *A pris le frais* : a pris la route de bon matin.
2. *Aigrir* : fâcher.
3. *Comme en vous il prend grande créance* : comme il place en vous toute sa confiance.
4. *Oui-da* : oui, bien sûr.

Et rendez, en ami, ce service à mon feu.

ARNOLPHE

Je n'y manquerai pas.

HORACE

C'est en vous que j'espère.

ARNOLPHE

Fort bien.

HORACE

Et je vous tiens mon véritable père.
Dites-lui que mon âge… Ah ! je le vois venir :
Écoutez les raisons que je vous puis fournir.
(*Ils demeurent en un coin du théâtre.*)

Scène 7

ENRIQUE, ORONTE, CHRYSALDE, HORACE, ARNOLPHE

ENRIQUE, *à Chrysalde.*

Aussitôt qu'à mes yeux je vous ai vu paraître,
Quand on ne m'eût rien dit, j'aurais su vous connaître.
Je vous vois tous les traits de cette aimable sœur
Dont l'hymen autrefois m'avait fait possesseur[1] ;
Et je serais heureux si la Parque[2] cruelle
M'eût laissé ramener cette épouse fidèle,
Pour jouir avec moi des sensibles douceurs

Vocabulaire

1. *Dont l'hymen autrefois m'avait fait possesseur* : que j'ai épousée autrefois.

2. *La Parque* : déesse grecque de la Destinée. Ici, la mort.

De revoir tous les siens après nos longs malheurs.
Mais puisque du destin la fatale puissance
Nous prive pour jamais de sa chère présence,
Tâchons de nous résoudre, et de nous contenter
Du seul fruit amoureux[1] qui m'en ait pu rester.
Il vous touche de près ; et, sans votre suffrage[2],
J'aurais tort de vouloir disposer de ce gage.
Le choix du fils d'Oronte est glorieux de soi ;
Mais il faut que ce choix vous plaise comme à moi.

CHRYSALDE

C'est de mon jugement avoir mauvaise estime
Que douter si j'approuve un choix si légitime.

ARNOLPHE, *à Horace.*

Oui, je vais vous servir de la bonne façon.

HORACE

Gardez[3], encore un coup…

ARNOLPHE

N'ayez aucun soupçon.

ORONTE, *à Arnolphe.*

Ah ! que cette embrassade est pleine de tendresse !

ARNOLPHE

Que je sens à vous voir une grande allégresse !

Vocabulaire

1. *Fruit amoureux* : enfant.
2. *Suffrage* : accord.
3. *Gardez* : prenez garde.

ORONTE

Je suis ici venu…

ARNOLPHE

Sans m'en faire récit,
Je sais ce qui vous mène[1].

ORONTE

On vous l'a déjà dit ?

ARNOLPHE

Oui.

ORONTE

Tant mieux.

ARNOLPHE

Votre fils à cet hymen résiste,
Et son cœur prévenu[2] n'y voit rien que de triste :
Il m'a même prié de vous en détourner ;
Et moi, tout le conseil que je vous puis donner,
C'est de ne pas souffrir que ce nœud[3] se diffère,
Et de faire valoir l'autorité de père.
Il faut avec vigueur ranger[4] les jeunes gens,
Et nous faisons contre eux[5] à leur être indulgent.

HORACE

Ah ! traître !

Vocabulaire

1. *Mène* : amène.
2. *Prévenu* : hostile par avance.
3. *Ce nœud* : ce mariage.
4. *Ranger* : faire rentrer dans le rang.
5. *Nous faisons contre eux* : nous n'agissons pas pour leur bien.

CHRYSALDE

Si son cœur a quelque répugnance,
Je tiens qu'on ne doit pas lui faire violence.
Mon frère[1], que je crois, sera de mon avis.

ARNOLPHE

Quoi ? se laissera-t-il gouverner par son fils ?
Est-ce que vous voulez qu'un père ait la mollesse
De ne savoir pas faire obéir la jeunesse ?
Il serait beau vraiment qu'on le vît aujourd'hui
Prendre loi de qui doit la recevoir de lui !
Non, non : c'est mon intime, et sa gloire est la mienne :
Sa parole est donnée, il faut qu'il la maintienne,
Qu'il fasse voir ici de fermes sentiments,
Et force de son fils tous les attachements[2].

ORONTE

C'est parler comme il faut, et, dans cette alliance,
C'est moi qui vous réponds de son obéissance.

CHRYSALDE, *à Arnolphe.*

Je suis surpris, pour moi, du grand empressement[3]
Que vous nous faites voir pour cet engagement,
Et ne puis deviner quel motif vous inspire...

ARNOLPHE

Je sais ce que je fais, et dis ce qu'il faut dire.

Vocabulaire

1. *Mon frère* : terme affectueux pour désigner son beau-frère.

2. *Attachements* : liens amoureux.

3. *Empressement* : enthousiasme.

ORONTE

Oui, oui, Seigneur Arnolphe, il est…

CHRYSALDE

Ce nom l'aigrit ;
C'est Monsieur de La Souche, on vous l'a déjà dit.

ARNOLPHE

Il n'importe.

HORACE

Qu'entends-je ?

ARNOLPHE, *se retournant vers Horace.*

Oui, c'est là le mystère,
Et vous pouvez juger ce que je devais faire.

HORACE

En quel trouble…

Scène 8

GEORGETTE, ENRIQUE, ORONTE, CHRYSALDE, HORACE, ARNOLPHE

GEORGETTE

Monsieur, si vous n'êtes auprès,
Nous aurons de la peine à retenir Agnès ;
Elle veut à tous coups s'échapper, et peut-être
Qu'elle se pourrait bien jeter par la fenêtre.

ARNOLPHE

Faites-la-moi venir ; aussi bien de ce pas
Prétends-je l'emmener ; ne vous en fâchez pas :

Un bonheur continu rendrait l'homme superbe[1] ;
Et chacun a son tour, comme dit le proverbe.

HORACE

Quels maux peuvent, ô Ciel ! égaler mes ennuis !
Et s'est-on jamais vu dans l'abîme où je suis !

ARNOLPHE, *à Oronte.*

Pressez vite le jour de la cérémonie :
J'y prends part, et déjà moi-même je m'en prie[2].

ORONTE

C'est bien notre dessein.

Scène 9

AGNÈS, ALAIN, GEORGETTE, ORONTE,
ENRIQUE, ARNOLPHE, HORACE, CHRYSALDE

ARNOLPHE, *à Agnès.*

Venez, belle, venez,
Qu'on ne saurait tenir[3], et qui vous mutinez.
Voici votre galant, à qui, pour récompense,
Vous pouvez faire une humble et douce révérence.
Adieu. L'événement trompe un peu vos souhaits ;
Mais tous les amoureux ne sont pas satisfaits.

Vocabulaire

1. *Superbe* : très orgueilleux.
2. *Je m'en prie* : je m'y invite.
3. *Tenir* : retenir.

AGNÈS

Me laissez-vous, Horace, emmener de la sorte ?

HORACE

Je ne sais où j'en suis, tant ma douleur est forte.

ARNOLPHE

Allons, causeuse, allons.

AGNÈS

Je veux rester ici.

ORONTE

Dites-nous ce que c'est que ce mystère-ci.
Nous nous regardons tous, sans le pouvoir comprendre.

ARNOLPHE

Avec plus de loisir je pourrai vous l'apprendre.
Jusqu'au revoir.

ORONTE

Où donc prétendez-vous aller ?
Vous ne nous parlez point comme il nous faut parler.

ARNOLPHE

Je vous ai conseillé, malgré tout son murmure,
D'achever l'hyménée[1].

ORONTE

Oui. Mais pour le conclure,
Si l'on vous a dit tout, ne vous a-t-on pas dit

Vocabulaire
1. *L'hyménée* : le mariage.

Que vous avez chez vous celle dont il s'agit,
La fille qu'autrefois de l'aimable Angélique,
Sous des liens secrets, eut le seigneur Enrique ?
Sur quoi votre discours était-il donc fondé ?

CHRYSALDE

Je m'étonnais aussi de voir son procédé.

ARNOLPHE

Quoi…

CHRYSALDE

D'un hymen secret ma sœur eut une fille,
Dont on cacha le sort à toute la famille.

ORONTE

Et qui sous de feints noms, pour ne rien découvrir,
Par son époux aux champs fut donnée à nourrir.

CHRYSALDE

Et dans ce temps[1], le sort, lui déclarant la guerre,
L'obligea de sortir de sa natale terre.

ORONTE

Et d'aller essuyer mille périls divers
Dans ces lieux séparés de nous par tant de mers.

CHRYSALDE

Où ses soins ont gagné ce que dans sa patrie
Avaient pu lui ravir l'imposture et l'envie.

Vocabulaire
1. *Dans ce temps* : à cette époque.

ORONTE

Et de retour en France, il a cherché d'abord
Celle à qui de sa fille il confia le sort.

CHRYSALDE

Et cette paysanne a dit avec franchise
Qu'en vos mains à quatre ans elle l'avait remise.

ORONTE

Et qu'elle l'avait fait sur votre charité[1],
Par un accablement d'extrême pauvreté.

CHRYSALDE

Et lui, plein de transport et l'allégresse en l'âme,
A fait jusqu'en ces lieux conduire cette femme.

ORONTE

Et vous allez enfin la voir venir ici,
Pour rendre aux yeux de tous ce mystère éclairci.

CHRYSALDE

Je devine à peu près quel est votre supplice ;
Mais le sort en cela ne vous est que propice :
Si n'être point cocu vous semble un si grand bien,
Ne vous point marier en est le vrai moyen.

ARNOLPHE,

s'en allant tout transporté, et ne pouvant parler.

Oh !

Vocabulaire

1. *Sur votre charité* : grâce à votre réputation d'homme charitable.

ORONTE

D'où vient qu'il s'enfuit sans rien dire ?

HORACE

Ah ! mon père,
Vous saurez pleinement ce surprenant mystère.
Le hasard en ces lieux avait exécuté
Ce que votre sagesse avait prémédité :
J'étais par les doux nœuds d'une ardeur mutuelle[1]
Engagé de parole avecque cette belle ;
Et c'est elle, en un mot, que vous venez chercher,
Et pour qui mon refus a pensé vous fâcher.

ENRIQUE

Je n'en ai point douté d'abord que je l'ai vue,
Et mon âme depuis n'a cessé d'être émue.
Ah ! ma fille, je cède à des transports si doux.

CHRYSALDE

J'en ferais de bon cœur, mon frère, autant que vous,
Mais ces lieux et cela ne s'accommodent guères.
Allons dans la maison débrouiller ces mystères,
Payer à notre ami ces soins officieux[2],
Et rendre grâce au Ciel qui fait tout pour le mieux.

Vocabulaire

1. *Ardeur mutuelle* : ici, amour partagé.

2. *Soins officieux* : services rendus en éduquant Agnès.

Séance 1

Des maris et des femmes

LECTURE

Lecture du texte

L'exposition (Acte I, scène 1 ; acte III, scène 2)

1. Page 15 : à quel moment doit avoir lieu le mariage d'Arnolphe ? Est-ce important pour la construction de la pièce ? Quand est-il annoncé ?

2. Acte I, scène 1, vers 21 à 45 : selon Arnolphe, quels défauts ont les femmes en général ? Justifiez votre réponse en citant le texte.

3. Quel portrait Arnolphe dresse-t-il des maris, vers 21 à 45 ? Souhaite-t-il leur ressembler ?

4. Quels arguments Chrysalde oppose-t-il à la critique d'Arnolphe (acte I, scène 1, vers 45 à 73) ? Sont-ils valables, selon vous ?

5. Dans sa tirade p. 19-20, vers 82 à 102 : Arnolphe évoque la « femme habile » (vers 84). Que lui reproche-t-il ? Quelles sont les qualités de l'épouse idéale ? Quels termes utilise-t-il pour dénommer ces deux types de femme ?

6. Arnolphe définit ce qu'il attend d'Agnès lorsqu'ils seront mariés, dans la scène 2 de l'acte III, pages 66-67. Selon lui, maris et femmes sont-ils égaux ? Quelle attitude la femme doit-elle observer en présence de son mari ? Quel est son plus grand devoir ?

7. Page 23, vers 158 à 164 : l'humour d'Arnolphe à propos de l'ignorance de sa future femme lui fait-il honneur ?

8. Par quoi Arnolphe est-il obsédé ? Peut-on dire que c'est un barbon monomane ?

9. À la fin de la scène 1 de l'acte I, le spectateur connaît-il les enjeux et les principaux personnages de la pièce ? Lisez l'encadré « Méthode » page 138 et expliquez pourquoi cette scène occupe la fonction de scène d'exposition.

La satire de la morale bourgeoise (Acte II, scène 3)

10. Pages 21-22, vers 123 à 154 : dans la réplique d'Arnolphe, relevez le champ lexical de l'argent. Quels arguments justifient à eux seuls l'ensemble de ses choix ? Qu'en pensez-vous ?

11. Dans l'acte II, scène 3 (pages 45-47), de quelle image Alain se sert-il pour expliquer à Georgette ce qu'est la jalousie ?

12. Page 46, vers 66 : l'affirmation comique d'Alain est-elle dénuée de bon sens lorsque l'on connaît le personnage d'Arnolphe ? À quoi la femme et l'homme se trouvent-il ainsi abaissés ?

13. Si Arnolphe éprouve un sentiment de possession à l'égard de sa future épouse, matérialisé par la jalousie, est-ce là la seule chose qui importe habituellement dans un mariage ? Quel sentiment manque-t-il aux futurs mariés ?

14. Arnolphe est un bourgeois, vaniteux jusqu'à emprunter un nom à particule. Quels autres défauts des « bourgeois » Molière cherche-t-il à mettre en valeur dans cette pièce ?

15. À la lumière de la scène 1 de l'acte I, décrivez le personnage d'Arnolphe, en justifiant vos remarques grâce à des citations du texte. Est-il sympathique ou antipathique ? Ressemble-t-il à Chrysalde ?

Lecture d'image

16. Quel est le sujet du mythe de Pygmalion et Galatée ? En quoi Arnolphe ressemble-t-il à Pygmalion ?

Étude de la langue

Grammaire

17. Relisez le vers 94, page 19. À quel temps est le verbe de cette phrase ? Quelle est sa valeur ? Pourquoi n'y a-t-il pas de déterminant devant le nom « femme » ? Quel effet cela produit-il ?

Pygmalion et Galatée, Étienne Maurice Falconet, 1763.

18. Quel est le temps et le mode du verbe « pouvoir » (p. 20, v. 108) ? Justifiez cet emploi.

Lexique

19. Comment appelle-t-on un homme qui méprise les femmes, les considérant inférieures ?

20. Qu'entend Arnolphe lorsqu'il affirme que les maris sont « des sujets de satire » (p. 17, v. 43) ? Cherchez le sens de ce dernier terme.

Étymologie

21. D'où vient le terme « apanage » (p. 15, v. 12) utilisé par Arnolphe ?

EXPRESSION

Expression écrite

Commentaire littéraire

22. Commentez le texte, des vers 73 à 116, pages 18-20. Vous élaborerez un projet de lecture définissant les traits qui dominent le caractère d'Arnolphe et exposant son avis sur la condition féminine.

Écrit d'invention

23. Écrivez en prose une scène dans laquelle Arnolphe dîne en compagnie d'Agnès et de Chrysalde, comme il le souhaite page 22, vers 152.

Dissertation

24. Dans la préface du *Tartuffe*, Molière écrit que « l'emploi de la comédie est de corriger les vices des hommes ». Qu'en pensez-vous ? Construisez votre réflexion en puisant des exemples dans la pièce.

25. Les personnages atteints, à l'image d'Arnolphe, d'une certaine folie sont fréquents au théâtre. À votre avis, pour quelle raison ? Vous émaillerez votre réflexion d'exemples.

Expression orale

26. Exposé : *Le Bourgeois gentilhomme* est une comédie-ballet de Molière. Expliquez ce que ces termes signifient. Présentez cette pièce à la classe et dites en quoi elle peut être rapprochée de *L'École des femmes*.

27. Lisez de façon expressive la tirade d'Arnolphe du vers 21 au vers 45, pages 16-17.

PATRIMOINE

28. Qui d'Arnolphe ou de Chrysalde incarne l'« honnête homme » au sens du XVIIe siècle ? Justifiez votre réponse.

29. De qui saint Arnolphe est-il le patron ? Pourquoi ce simple détail fait-il entrer la pièce dans le registre de la farce ?

NOTIONS LITTÉRAIRES
Les règles du théâtre classique

Le théâtre classique s'appuie sur des règles héritées de *La Poétique* d'Aristote. Les pièces de Molière, de Racine et de leurs contemporains obéissent ainsi nécessairement à l'obligation de plaire et d'être vraisemblables. Elles doivent également respecter la bienséance : les meurtres ou les adultères ont ainsi lieu hors de l'espace scénique. En outre, il faut que l'intrigue, unique, se déroule en un seul jour et en un seul lieu, selon la règle des trois unités : unité d'action, unité de temps et unité de lieu.

Méthode *Comment analyser une scène d'exposition*

La scène d'exposition occupe la double fonction de présenter personnages et intrigue et de faire entrer le spectateur dans le vif de l'action. Pour pouvoir commenter une telle scène :

➜ observez les personnages présents en vous demandant quel intérêt ils ont à se faire face. (L'interaction de Chrysalde et d'Arnolphe n'est pas innocente) ;

➜ repérez les positions argumentatives de chacun ;

➜ lisez attentivement les récits auxquels ils se livrent : ils créent un certain suspens quant à la suite de l'intrigue.

Horace l'étourdi contre Arnolphe l'égoïste burlesque

LECTURE

Lecture du texte

Horace, le jeune étourdi (Acte I, scène 4 ; acte IV, scène 1)

1. Quels liens unissent Arnolphe à Horace, pages 32-41 ?

2. Dans la scène 1 de l'acte IV, qu'ignore Horace à propos d'Arnolphe ? Est-ce important pour la suite ? Comment nomme-t-on au théâtre ce type de méprise ?

3. Quel aspect du personnage d'Agnès Horace met-il en valeur dans sa tirade (pages 37-38, vers 316 à 328) ?

4. Comment se comporte Arnolphe au début de la scène 4 de l'acte I lorsqu'Horace évoque son aventure amoureuse ? Quelle est sa réaction après le vers 328 ? Et celle du spectateur ?

5. Quel type de personnage des comédies de Molière Horace représente-t-il ?

Arnolphe, un barbon (Acte II, scène 1)

6. Feuilletez la pièce. Les scènes où Arnolphe se trouve hors de scène sont-elles nombreuses ? Qu'indique cet élément sur l'importance du personnage ?

7. Page 40, vers 358 à 372 : que regrette Arnolphe lorsqu'il est seul après le départ d'Horace ? Que montrent les deux derniers vers de sa tirade sur son état d'esprit ?

8. Commentez le vers 6, page 42 : pourquoi Arnolphe est-il pris à son propre piège ?

9. La lutte entre Horace et Arnolphe pour les vœux d'Agnès vous semble-t-elle égale ?

Arnolphe à l'école de la passion (Actes III à V)

10. Pages 73 à 82 : que découvre Arnolphe, grâce à la lettre, à propos des sentiments d'Agnès ?

11. Que s'est-il passé hors scène entre la fin de l'acte III et le début de l'acte IV (pages 84 et 85) ? Quels sentiments Arnolphe exprime-t-il dans les vers 9 à 16, page 85 ? La définition donnée par les valets de la jalousie dans l'acte II, scène IV est-elle encore valable ? Pourquoi ?

12. À l'aide de l'encadré « Méthode » (voir page 143), dites quelles sont les fonctions du monologue qui termine l'acte III et de celui qui débute l'acte IV (pages 83 à 86). Quelle signification revêt le mariage à présent pour Arnolphe ? A-t-il évolué depuis la scène 2 de l'acte III (pages 66-67) ?

13. Que pensez-vous de la manière dont Arnolphe déclare son amour à Agnès (page 122, vers 230 à 233) ? Garde-t-il ce ton dans sa tirade suivante, vers 236 à 254 ? Pourquoi utilise-t-il de nombreuses phrases interrogatives ?

14. À la lumière de vos réponses aux questions précédentes, pensez-vous que le titre de la comédie rende compte de l'ensemble de ce qui se joue dans la pièce ?

Lecture d'image

15. Sébastien Bourdon est un contemporain de Claude Le Lorrain et du Caravage. À quels mouvements picturaux appartiennent ces trois peintres ?

16. Quel personnage de la pièce vous semble correspondre le mieux au portrait ?

L'Homme aux rubans noirs, Sébastien Bourdon, 1657-1658.

Étude de la langue

Grammaire

17. Quelle figure de style Arnolphe utilise-t-il au vers 40, page 44 ? Que montre-t-elle ?

Lexique

18. Relisez les vers 319-320, page 37 : comment nomme-t-on en poésie le fait de poursuivre une proposition débutée sur un vers au vers suivant ? Quel est l'effet produit ?

19. Relevez, dans les tirades et les monologues d'Arnolphe pages 40, 63, 85-86, 97-99, les expressions désignant Horace. Qu'indiquent-elles sur le caractère du jeune homme ? Pourquoi nous est-il sympathique ? Quel intérêt dramaturgique revêt-il ?

Étymologie

20. Page 122, vers 236 à 254 : Arnolphe est « pathétique ». Quelle est l'origine de ce terme ? Comment se déploie le « registre pathétique » dans sa tirade ?

EXPRESSION

Expression écrite

Commentaire littéraire

21. Préparez le commentaire littéraire du sermon d'Arnolphe situé pages 66-67, des vers 53 à 96. Montrez qu'il est à la fois choquant et comique.

Écrit d'invention

22. Inventez une scène positionnée à la fin de l'acte IV, dans laquelle Horace apprend par Chrysalde qu'Arnolphe et M. de La Souche ne font qu'un.

Dissertation

23. Ionesco écrit que « sans conflit, il n'y aurait pas de théâtre ». Expliquez en quoi cette affirmation vous semble valable dans le cas de *L'École des femmes.*

Expression orale

24. Présentez *Phèdre* de Racine (1677) à la classe. En guise d'illustration, lisez la scène 6 de l'acte IV. Expliquez en quoi le monologue d'Arnolphe de la page 85 porte, comme les tirades de Phèdre, la marque du registre tragique.

PATRIMOINE

25. Le mari, la femme, l'amant, est un trio qu'Eugène Labiche ou Georges Feydeau ont particulièrement exploité au théâtre. À quelle époque ont-ils écrit leurs pièces ? Comment nomme-t-on ces pièces et ce théâtre ? Citez quelques titres.

NOTIONS LITTÉRAIRES
Comédies et tragédies au XVIIe siècle

Au XVIIe siècle, deux genres s'affrontent au théâtre : les tragédies, dans lesquels les nobles personnages rivalisent de grandeurs sublimes et d'éloquence, et les comédies, dont le panel comprend aussi bien la farce ou les saynètes du théâtre italien que des œuvres écrites. Mais la lutte est inégale : dans *La Poétique*, l'ouvrage antique de référence, Aristote établit une hiérarchie dans laquelle la tragédie, supérieure en tout point, est la forme artistique la plus aboutie. On encense donc *Phèdre* et *Britannicus* de Racine, le maître du genre, alors que malgré leurs succès, les comédies de Molière peinent parfois à s'imposer.

Méthode *Comment étudier la parole au théâtre*

Le personnage de théâtre se définit grâce à ce qu'il dit :
➜ observez le temps de parole qui lui est accordé pour juger de son importance. Molière offre aux personnages principaux de longues tirades, voire des monologues ;
➜ notez le rythme des échanges : l'échange de répliques courtes, la stichomythie, qui a particulièrement cours dans les scènes où apparaissent les valets, accélère le tempo de la pièce, alors que les tirades le ralentissent ;
➜ intéressez-vous à la construction des tirades et des monologues, qui convoquent soit un récit, soit une thèse défendue par le personnage ;
➜ dans le cas particulier du monologue, cernez sa fonction : est-il explicatif, délibératif (il révèle alors le choix qui se présente au personnage), dramatique (imposé par l'action) ou introspectif ? Les monologues d'Arnolphe, actes III et IV, occupent plusieurs fonctions à la fois.

Agnès, l'ingénue à l'école de l'amour

LECTURE

Lecture du texte

Tel est pris qui croyait prendre (Acte I, scène 3 ; acte II, scène 5)

1. Le spectateur est-il surpris par le personnage d'Agnès lorsqu'il apparaît pour la première fois, pages 31-32, puis pages 48-49 ? Pourquoi ?

2. Quel rôle joue la didascalie qui précède la réplique d'Arnolphe débutant page 49, vers 97 ?

3. Pages 49-50, vers 97 à 112 : pourquoi ce passage est-il comique ? Page 48, vers 84 à 88 : Arnolphe réalise-t-il le projet évoqué ?

4. Page 50, vers 102 à 112 : que montre le peu d'émotion d'Agnès à l'égard du déplaisir que ressent Arnolphe ?

5. En quoi le récit d'Agnès aux pages 51-53 réalise ce que Chrysalde prophétisait dans l'exposition, page 20, vers 107 à 116 ?

6. Pages 55-57, les vers 197 à 209 ont souvent été considérés obscènes : sur quel registre théâtral joue ici Molière ? Respecte-t-il la bienséance voulue par les règles classiques ?

Les maximes et la peur du diable (Acte II, scène 5 ; acte III, scène 2)

7. Page 58 : qu'invoque Arnolphe pour montrer sa faute à Agnès ?

8. Molière utilise-t-il un comique de mot, de situation, de geste ou de caractère pour faire rire le spectateur, du vers 241 au vers 256, pages 59 à 61 ?

9. Page 67, vers 85 à 95 : sous quelle apparence Arnolphe représente-t-il l'Enfer ?

10. Combien y a-t-il de maximes ? À votre avis, pourquoi ? Reformulez-les. Qu'en pensez-vous ?

11. D'après les différents propos tenus dans la pièce, pensez-vous que les directives imposées par les maximes étaient réellement de mise au XVIIe siècle ?

La lettre, l'amour, le mariage (Acte III, scène 4 ; acte V, scène 4)

12. Comment nomme-t-on au théâtre le retournement de situation qui a lieu à la page 78 ?

13. Le procédé utilisé à la page 78 par Agnès témoigne-t-il de son ingénuité ?

14. Page 79, vers 302 : que veut dire Horace lorsqu'il affirme que la lettre est écrite dans un style qui montre « la pure nature » d'Agnès ?

15. Page 80 : que crée la lecture de ce texte en prose au milieu des alexandrins de la pièce ?

16. Quels sont les champs lexicaux qui dominent la lettre, à la page 80 ?

17. Dans la lettre d'Agnès, à la page 80, qui représente le pronom indéfini « on » ? À qui s'oppose-t-il ?

18. Pourquoi Molière a-t-il choisi de faire écrire Agnès et non de la faire parler pour déclarer son amour à Horace ?

19. Quelles images du mariage Agnès évoque-t-elle à la page 117 ? Laquelle préfère-t-elle ?

20. Qui d'Arnolphe ou d'Agnès mène le dialogue de la pages 118 à 121 ?

CONTEXTUALISATION
La condition féminine au XVIIe siècle

Sous le règne de Louis XIV, les femmes sont dans un état de soumission complète à l'égard de leur mari ou de leur père : pire, leur éducation est souvent négligée, et on se méfie de ce que la culture pourrait leur apporter. Cependant, dans les milieux aristocratiques et intellectuels, on voit naître un soupçon d'émancipation féminine à travers la vogue des salons littéraires animés par les précieuses.

21. Quelle position Molière défend-il par l'intermédiaire du personnage d'Agnès ?

Lecture d'image (couverture et rabat)

22. Que signifie le terme « duègne » ? Pourquoi la « duègne » est-elle en retrait par rapport à la jeune fille ?

23. Murillo se livre ici à une scène de genre. Définissez cette expression.

24. Quelle expression anime les visages des personnages ? Était-ce courant à l'époque ?

Étude de la langue

Grammaire

25. Page 81, vers 336-337 : quelle figure de style Horace utilise-t-il ? Quel effet crée-t-elle ?

Lexique

26. Qu'est-ce qu'un prédicateur ? À quel moment de la pièce Arnolphe se comporte-t-il comme tel ?

Étymologie

27. Quelle est l'origine du prénom Agnès ? Ce sens étymologique correspond-il au personnage ? Quel animal cité dans la Bible a une étymologie proche ?

28. Horace et Arnolphe évoquent souvent « l'ingénuité » d'Agnès. Que signifie ce mot ? Quelle est l'étymologie du terme « ingénu » ?

EXPRESSION

Expression écrite

Commentaire littéraire

29. Commentez la scène 6 de l'acte IV, pages 95-97, en étudiant l'importance de la scène pour la progression de l'intrigue, le motif comique du mari trompé et l'opposition entre les personnages d'Horace et d'Arnolphe.

Écrit d'invention

30. Horace et Arnolphe décident, chacun de leur côté, de répondre à la lettre d'Agnès. Imaginez une scène dans laquelle Agnès lit et commente ces deux lettres.

Dissertation

31. À la lumière de la pièce, pensez-vous que le théâtre soit un lieu privilégié pour défendre des causes et des idées ?

Expression orale

32. Exposé : présentez à la classe l'un de ces personnages féminins de Molière, en expliquant pour quelles raisons on peut le rapprocher d'Agnès :
- Célimène dans *Le Misanthrope ;*
- Henriette dans *Les Femmes savantes ;*
- Angélique dans *George Dandin.*

PATRIMOINE

33. Arnolphe redoute les « précieuses ». Documentez-vous sur la préciosité et sur ses représentantes.

34. L'art des maximes est assez prisé au XVIIe siècle. Définissez ce genre littéraire. Quel contemporain de Molière s'y est adonné avec succès ?

Méthode — *Comment repérer et distinguer l'éloge et le blâme*

L'éloge et le blâme sont les deux volets opposés d'une stratégie argumentative qui consiste à émettre un jugement pour le faire partager.

➜ Pour distinguer l'éloge du blâme, repérez l'objectif du texte : s'il a pour but de vanter les qualités d'un objet ou d'une personne, il s'agit d'un éloge ; s'il condamne ses défauts, il s'agit d'un blâme. Arnolphe se livre ainsi successivement au blâme des précieuses et à l'éloge de la bêtise féminine (pages 19-20, vers 82 à 102).

➜ Pour cerner les procédés utilisés, intéressez-vous à l'implication de l'énonciateur à travers l'emploi répété de la première personne et des modalisateurs exprimant la certitude ou l'évaluation.

Séance 4

Représenter *L'École des femmes*

LECTURE

Lecture du texte

Des valets burlesques (Acte I, scène 2 ; acte II, scènes 2 et 3)

1. Comment Arnolphe convainc-t-il les valets de lui ouvrir la porte, dans la scène 2 de l'acte I ? Dans quelles autres scènes les valets montrent-ils l'importance qu'ils accordent à ce type de préoccupations ?

2. Quel type de comique évoquent les didascalies à la page 29 ?

3. À l'aide de l'encadré « Méthode » (page 143), dites comment se nomme l'échange de répliques de la scène 2 de l'acte I. Quel effet ce type de dialogue, juste après la scène d'exposition, produit-il ?

4. Quels sentiments éprouvent les valets à l'égard d'Arnolphe, dans la scène 3 de l'acte II ?

5. Comment Arnolphe s'adresse-t-il aux valets, pages 43-44 ? Peut-on dire qu'il se comporte de la même façon avec Agnès, pages 61-62 ?

Les stratagèmes (Acte II, scène 5 ; acte III, scènes 4 et 5)

6. Comment Arnolphe compte-t-il repousser Horace aux pages 61 à 64 ? Où est-il pendant le déroulement de la scène ? À la lumière de la suite des événements, commentez le vers 16, page 63. En quoi est-il comique ?

7. Pages 61-64 : pensez-vous que la méthode d'Arnolphe pour éloigner le séducteur soit élégante ? Dans quel registre théâtral comique sommes-nous (Voir l'encadré « Méthode », page 151) ?

8. Page 79, vers 284 à 297 : dans quelle position Horace place-t-il Arnolphe en racontant l'épisode ? De quoi les spectateurs rient-ils ?

9. Page 82, vers 340-352 : jusqu'à quel point Horace pousse-t-il son innocence ? Qu'ajoutent les vers 342-344 au comique de la situation ?

10. D'après le vers 355 de la page 83, Arnolphe subit-il le coup sans broncher ? Est-il animé par un noble sentiment ?

De la peinture de caractère à la joyeuse comédie italienne (acte IV)

11. Comment naît le comique de la scène 2 de l'acte IV ? Qu'indiquent les didascalies sur l'état d'esprit d'Arnolphe ?

12. En quoi la dernière réplique du notaire, page 90, est-elle intéressante ?

13. Le spectateur est-il préparé par les scènes 4 et 5 (pages 91-95) aux événements évoqués dans la scène 6 (pages 95-97) ? Quel effet Molière crée-t-il ainsi ?

14. Page 100, vers 219-220 : comment interprétez-vous la réplique d'Arnolphe ?

15. Dans la scène 9, page 105, en quoi le comportement d'Arnolphe envers ses valets a-t-il changé ? Quel autre stratagème met-il au point ? Quels champs lexicaux dominent sa tirade ? Comment apparaît-il maintenant ?

16. Quel ton domine la pièce selon vous : la farce, la comédie d'intrigue italienne ou la comédie de mœurs ?

Lecture d'image

17. Pieter Van Bredael cherche-t-il à peindre le paysage tel qu'il est réellement ? Pourquoi ?

18. De quelle façon se déroule la représentation théâtrale ? Les représentations de *L'École des femmes*, à l'époque de Molière, se passaient-elles ainsi ?

Scène de la commedia dell'arte, Pieter Van Bredael.

Étude de la langue

Grammaire

19. Quel type de discours utilise Arnolphe pour singer les éventuels propos d'Horace aux pages 92-93 ? Pourquoi ?

Lexique

20. Georgette et Alain se prêtent à des scènes « burlesques ». Quelle est la signification de ce terme ?

Étymologie

21. Horace emploie les mots « foi » (vers 60), « fidèle » (vers 73) et « confidence » (vers 82) dans sa tirade aux pages 110-111. Quelles sont leur étymologie ? Ces mots ont un radical commun. Lequel ?

EXPRESSION

Expression écrite

Écrit d'invention

22. Écrivez une scène de farce : Horace cache Agnès chez Arnolphe (acte V, scène 4) et va chercher le notaire. Ils reviennent alors tous deux chez le barbon. Horace veut épouser Agnès promptement, mais les valets refusent de la laisser sortir.

Synthèse

23. D'après ce que vous savez d'Alain et Georgette, et en élargissant votre propos aux autres comédies que vous connaissez, décrivez les caractéristiques des valets de Molière.

Dissertation

24. Le personnage d'Arnolphe était joué par Molière lui-même. Selon le critique René Bray, « son talent majeur résidait dans sa drôlerie, son agilité corporelle ». Pensez-vous que ces deux qualités suffisent pour interpréter le rôle ?

Expression orale

25. Entretien : quelles difficultés peut causer la mise en scène de *L'Écoles des femmes* ? Proposez la mise en scène de l'acte IV, scène 2, en expliquant votre parti pris concernant le décor, les éclairages, les costumes, l'intonation, la diction et l'attitude des comédiens.

PATRIMOINE

26. Documentez-vous sur Louis Jouvet et sur sa mise en scène de *L'École des femmes*.

HISTOIRE DES ARTS

De la commedia dell'arte à la comédie à l'italienne

Dès la fin du XVIe siècle, les comédiens italiens de la commedia dell'arte importent en France leurs théâtres de rue itinérants. Sur scène, Arlequin le valet affamé, Horacio l'amoureux et d'autres personnages types improvisent des pièces à partir d'un canevas connu. Vers 1630, leur succède la comédie d'intrigue italienne, qui fait la part belle aux enlèvements et aux travestissements. Les comédies de Molière s'inspirent de ces deux influences, auquel le dramaturge adjoint la finesse d'un œil critique avisé à l'égard des mœurs de ses contemporains.

Méthode *Comment repérer les différents registres*

L'École des femmes est une comédie complexe, car elle mélange différents registres :

➜ pour repérer le registre comique, identifiez les écarts entre le langage d'un personnage et son propos, les jeux de mots, les quiproquos et les sous-entendus, afin de déterminer si vous avez à faire à un comique burlesque, farcesque ou parodique ;

➜ pour reconnaître le registre tragique, notez l'emploi du vocabulaire soutenu et l'expression des nobles sentiments, comme dans le monologue d'Arnolphe à la page 85 ;

➜ pour déterminer les passages pathétiques, à l'image des vers 236 à 254, pages 122-123, prêtez attention à la souffrance du personnage et à la compassion qu'il veut susciter.

Une comédie classique ?

LECTURE

Lecture du texte

Le sujet (lecture d'ensemble)

1. Le sujet de la pièce est-il original ? Justifiez votre réponse.

2. Molière évoque souvent les mariages forcés. Est-ce le cas ici ? Qui, d'ordinaire, force le mariage ? Rencontre-t-on ce type de personnage dans *L'École des femmes* ? À votre avis, pourquoi ?

3. Dans la préface, pages 12-13, Molière insiste sur l'accueil mitigé de sa comédie. Qu'est-ce qui l'a néanmoins sauvée ?

4. L'utilisation de l'alexandrin est-elle habituelle dans le théâtre comique ? Qu'apporte cette particularité à la pièce ?

5. Quelles sont les autres comédies de Molière versifiées ? Quels sont leurs sujets ?

6. Quel effet produit le traitement du vers 202, page 55, ou du vers 115, page 93 ?

7. L'effet produit par l'utilisation de l'alexandrin est-il le même, page 113, vers 111 à 118 ? Que créent les rimes suivies dans ce passage ?

L'art du récit au théâtre (Acte II, scène 5 ; acte V, scène 2)

8. Que nous apprend le récit d'Agnès, pages 51 à 53, sur sa rencontre avec le jeune homme ? Comment trouve-t-elle Horace ? Pourquoi Molière a-t-il préféré que la rencontre entre les jeunes amoureux soit évoquée à travers le récit d'Agnès et non directement jouée sur scène ?

9. L'entrevue des amoureux a lieu « au balcon » (page 52, vers 144). Est-ce un élément du décor exigé par Molière ? Quelle différence produit la présence ou l'absence de cet élément sur scène ?

10. Dans quelles pièces de théâtre le balcon joue-t-il un rôle important ? Sont-elles antérieures ou postérieures à *L'École des femmes* ?

11. Pages 61-64 et 109-111 : les événements résultants des stratagèmes d'Arnolphe ne se produisent pas sur scène. À votre avis, pourquoi ?

12. Selon vous, Molière respecte-t-il dans sa pièce les impératifs de la comédie classique ? Justifiez votre réponse en vous aidant de l'encadré « Notions littéraires », page 139.

La structure et le dénouement de l'intrigue (Acte IV, scène 8 ; acte V, scènes 7 à 9)

13. Chacun des cinq actes commence par la satisfaction d'Arnolphe, puis surprend le personnage par une révélation et se termine par sa déconvenue. Expliquez, pour chaque acte, de quels faits concrets il est question. Que crée cette structure cyclique ?

14. À quels endroits de la pièce Chrysalde apparaît-il ? Que propose-t-il à Arnolphe afin de le préserver du ridicule, pages 101-102 ?

15. Quels liens unissent Chrysalde, Enrique et Oronte (pages 126 à 130) ? De quel projet Enrique fait-il part à Chrysalde dans la scène 7, pages 126-127 ?

HISTOIRE DES ARTS

Le Nôtre, Le Vau, Le Brun : les artisans des splendeurs classiques de Versailles

Louis XIV, monarque absolu, impose le style classique aux arts, aux lettres, mais aussi à l'architecture. Le château de Versailles, symbole du rayonnement de la cour, est l'œuvre de trois hommes en particulier. Le Nôtre en a dessiné les jardins, tout en harmonieuses symétries réparties autour de calmes fontaines. Le Vau, l'architecte du château de Vaux-le-Vicomte, fleuron du classicisme, a donné à Versailles ses façades aux colonnes solennelles et aux balustrades élégantes. À l'intérieur, Le Brun, premier peintre de Louis XIV, a su rehausser des fastes baroques les rigueurs classiques, pour que flamboient la richesse et la majesté des lieux.

16. Pourquoi la dernière ruse d'Arnolphe, page 128, semble-t-elle dérisoire ?

17. La venue d'Enrique et les liens qui l'unissent à Agnès étaient-ils prévisibles par Arnolphe ? Et par les spectateurs ? Ce genre de dénouement est-il habituel au théâtre ?

18. L'autorité des pères est-elle remise en cause dans le dénouement de la pièce, pages 126 à 135 ?

19. Que pensez-vous de la façon dont Arnolphe quitte la scène, page 134 ?

Lecture d'image

20. Quelle impression se dégage de la représentation du château de Versailles ?

Le château de Versailles vu des jardins en 1675, Façade ouest, auteur inconnu, XVIIe siècle.

Étude de la langue

Grammaire

21. Quelle figure de style est à l'œuvre dans le vers 289, page 103 ? Quel effet produit-elle ?

Lexique

22. Qu'est-ce qu'une épître (voir page 10) ?

Étymologie

23. Quelle est l'étymologie du verbe « se persuader » (page 102, vers 280) ? Molière aurait-il pu, sans changer le sens des propos d'Arnolphe, le remplacer par « se convaincre » ?

PATRIMOINE

24. Comment étaient rétribués les artistes au XVIIe siècle ? Pages 10-11 : à qui cette comédie est-elle dédiée ? À quel type de discours argumentatif se livre Molière ? Expliquez votre réponse.

EXPRESSION

Expression écrite

Écrit d'invention

25. Imaginez un dernier monologue d'Arnolphe, avant que le rideau ne se referme sur la pièce.

Synthèse

26. Résumez la fable de *L'École des femmes*.

Dissertation

27. Les personnages principaux de comédie sont des types que l'on retrouve d'une pièce à l'autre. Ne peut-on pas dire cependant qu'ils accèdent, dans *L'École des femmes*, à une certaine finesse psychologique ?

Expression orale

28. Exposé : présentez *La Critique de L'École des femmes*. Dans quelle intention, mentionnée dans la préface pages 12-13, Molière a-t-il écrit ce texte ? Lisez et expliquez la scène 5 de cette comédie.

29. Entretien : expliquez en quoi cette comédie reprend le motif de « la précaution inutile », déjà utilisé dans une nouvelle éponyme de Scarron, en 1661.

Méthode *Comment comprendre la double énonciation*

Au théâtre, les personnages s'adressent non seulement aux autres personnages présents sur scène, mais également au public. Leurs propos ont donc un double destinataire. Pour repérer les passages où la double énonciation est évidente :

➜ intéressez-vous à la scène d'exposition, dont la nature est d'informer le spectateur de l'intrigue, tout en créant une situation d'attente ;

➜ relevez les apartés et les monologues des personnages. Ils révèlent l'illusion théâtrale ;

➜ identifiez les scènes qui mettent en avant la connaissance des spectateurs face à l'ignorance d'un personnage. Nous savons en effet, par exemple, qu'Arnolphe et M. de La Souche ne font qu'un, alors qu'Horace l'ignore. Nous sommes donc en mesure de comprendre le double sens des propos du barbon à l'égard du jeune homme.

1. Théâtre

MOLIÈRE, *La Critique de l'École des femmes*, scène 6 (1662)

URANIE

[…] La tragédie, sans doute, est quelque chose de beau quand elle est bien touchée ; mais la comédie a ses charmes, et je tiens que l'une n'est pas moins difficile à faire que l'autre.

DORANTE

Assurément, Madame ; et quand, pour la difficulté, vous mettriez un plus du côté de la comédie, peut-être que vous ne vous abuseriez pas. Car enfin, je trouve qu'il est bien plus aisé de se guinder sur de grands sentiments, de braver en vers la Fortune, accuser les Destins, et dire des injures aux Dieux, que d'entrer comme il faut dans le ridicule des hommes, et de rendre agréablement sur le théâtre des défauts de tout le monde. Lorsque vous peignez des héros, vous faites ce que vous voulez. Ce sont des portraits à plaisir, où l'on ne cherche point de ressemblance […]. Mais lorsque vous peignez les hommes, il faut peindre d'après nature. On veut que ces portraits ressemblent ; et vous n'avez rien fait, si vous n'y faites reconnaître les gens de votre siècle. En un mot, dans les pièces sérieuses, il suffit, pour n'être point blâmé, de dire des choses qui soient de bon sens et bien écrites ; mais ce n'est pas assez dans les autres, il y faut plaisanter ; et c'est une étrange entreprise que celle de faire rire les honnêtes gens.

QUESTIONS

1. **Quelles sont les caractéristiques des tragédies énoncées par Dorante ?**
2. **Pourquoi écrire une comédie semble-t-il plus difficile que d'écrire une tragédie ?**
3. **Qui sont les grands auteurs de tragédies à l'époque de Molière ? Où se jouent leurs pièces ?**

2. Essai

JEAN DE LA BRUYÈRE
***Les Caractères,* « Des femmes » (1688)**

Pourquoi s'en prendre aux hommes de ce que les femmes ne sont pas savantes ? Par quelles lois [...] leur a-t-on défendu d'ouvrir les yeux et de lire, de retenir ce qu'elles ont lu, et d'en rendre compte ou dans leur conversation ou par leurs ouvrages ? Ne se sont-elles pas au contraire établies elles-mêmes dans cet usage de ne rien savoir, [...] ou par la paresse de leur esprit ou par le soin de leur beauté, ou par une certaine légèreté qui les empêche de suivre une longue étude, ou par le talent et le génie qu'elles ont seulement pour les ouvrages de la main, ou par les distractions que donnent les détails d'un domestique, ou par un éloignement naturel des choses pénibles et sérieuses, ou par une curiosité toute différente de celle qui contente l'esprit, ou par un tout autre goût que celui d'exercer leur mémoire ? Mais à quelque cause que les hommes puissent devoir cette ignorance des femmes, ils sont heureux que les femmes, qui les dominent d'ailleurs par tant d'endroits, aient sur eux cet avantage de moins.
On regarde une femme savante comme on fait une belle arme : [...] c'est une pièce de cabinet, que l'on montre aux curieux, qui n'est pas d'usage, qui ne sert ni à la guerre ni à la chasse, non plus qu'un cheval de manège, quoique le mieux instruit du monde.

QUESTIONS

1. **Dressez une rapide biographie de Jean de La Bruyère. En quoi *Les Caractères* sont-ils un témoignage du siècle classique ?**
2. **Quelle thèse défend le moraliste à l'égard de l'ignorance des femmes ? Qu'en pensez-vous ?**
3. **Selon La Bruyère, une femme « savante » a-t-elle sa place dans la société classique ?**

3. Peinture

NICOLAS POUSSIN
L'Inspiration du poète (1629)

QUESTIONS

1. Qui est Nicolas Poussin ? Pourquoi était-il surnommé « le peintre des gens d'esprit » ?

2. Quels sont les attributs du poète ? Comment apparaît-il ? Qui sont les femmes qui se tiennent à ses côtés ?

3. Dans quelle tradition Poussin place-t-il la scène qu'il représente ? En quoi est-elle conforme aux principes de l'esthétique classique ?

LEXIQUE

A

Acmé : point le plus fort de la crise, paroxysme.

Acte : division de la pièce, en trois ou cinq mouvements, à l'époque classique.

Action : ce qui se produit sur scène.

Anaphore : procédé d'écriture qui répète un même mot, une même construction en début de phrase ou de proposition.

Aparté : propos tenu par un personnage à part des autres, pour qu'il ne soit pas entendu d'eux.

Argument : idée servant à défendre un point de vue, une façon de penser; au théâtre, trame narrative de l'œuvre.

B

Bienséances : ensemble des règles qui, dans une pièce classique, interdisent la représentation d'actions violentes sur scène.

C

Catharsis : effet de « purification », de « soulagement » des passions, provoqué par la représentation de celles-ci sur scène (mot du vocabulaire tragique).

Comédie : pièce mettant en scène des bourgeois ou des gens du peuple, dont le caractère, la situation, doit faire rire.

Comique : procédé visant à faire rire (comique de situation, de gestes, de mots, de répétition, de caractère).

Commedia dell'arte : comédie italienne inspirée de la comédie latine, fondée sur des « caractères » typiques et l'improvisation. Arlequin, Scapin, Pantalone, Polichinelle sont des figures de cette comédie italienne.

Coup de théâtre : péripétie qui modifie ou retourne soudainement le cours de l'action.

D

Dénouement : moment de la pièce où les « nœuds » se défont, où les conflits d'intérêt se résolvent.

Didascalie : indication scénique, qui renseigne sur le jeu des acteurs. Vient du nom donné, dans la Grèce antique, à celui qui enseignait.

Double énonciation : message qui s'adresse à deux destinataires distincts dans la même situation d'énonciation.

Drame : toute pièce de théâtre (du grec *drama*, action).

E

Échange argumentatif : dialogue dans lequel des personnages défendent leur point de vue, prennent position, en échangeant des arguments accompagnés d'exemples.

Exposition (scènes d') : les premières scènes de l'acte I qui présentent les personnages, leurs projets, leurs interrogations et leur situation.

F

Farce : pièce d'origine latine qui vise à faire rire par le comique de gestes et de situation.

I

Intrigue : « histoire » construite par l'action des personnages.

M

Mise en abyme : procédé du « théâtre dans le théâtre », qui met un personnage dans une situation de jeu, de « déguisement ».

Monologue : paroles d'un personnage seul en scène, qui font connaître ses pensées, ses sentiments.

N

Nœud : moment de la pièce où apparaissent, où se « nouent » les conflits entre les personnages.

P

Protagonistes : étymologiquement, ceux qui jouent le premier rôle ; par extension, personnages principaux d'une pièce.

Q

Quiproquo : confusion, malentendu sur une identité, un objet, une situation (du latin *qui*, quelqu'un, *pro*, à la place de, et *quo*, quelqu'un d'autre).

R

Règle des trois unités : règle de composition du théâtre classique, selon laquelle l'action se passe en un seul lieu et en une journée. L'action elle-même doit avoir une unité.

Réplique : propos des personnages, unité du dialogue théâtral.

S

Scène : division de l'acte. Une scène commence avec l'entrée des personnages et se termine avec leur sortie.

Schéma actantiel : représentation des rapports de force entre les personnages.

Stichomythie : répliques très courtes, qui se répondent de façon serrée et très rapide. Elles correspondent à une acmé dans la tension.

T

Tirade : longue réplique.

Tragédie : pièce qui met en scène les passions et les faits héroïques de personnages nobles, victimes de la fatalité. L'issue est la mort d'un ou de plusieurs personnages.

Troupe : groupe constitué de comédiens qui ont un projet commun, qui travaillent et jouent ensemble.